Code du cycliste

Code du cycliste

2e édition

Ludovic Duprey

DALLOZ

collection
À savoir

sous la direction de
Laurent Bigorgne

ISBN 978-2-247-19846-7

à ma femme et mes enfants,
à leur liberté
et l'air qu'ils respirent.

Sommaire

Livre II

Les droits du cycliste

« La vie, c'est comme une bicyclette,
il faut avancer pour ne pas perdre l'équilibre. »
(attribué à) Albert EINSTEIN

Préface

Faire du vélo… l'expression a pris un sens différent, recouvert une réalité autre depuis que nos ancêtres l'ont enfourché. Moyen de déplacement individuel quand il n'y en avait guère d'autres qui soit à la portée de tous, puis synonyme de compétition ou moyen d'entretenir une forme délabrée par les méfaits de la vie citadine, le vélo est désormais devenu le symbole d'un monde qui cherche son souffle. Peu à peu et parce que la pollution de l'air a légitimement inspiré une réflexion sur l'avenir de l'espèce menacée d'asphyxie, le vélo est apparu comme une alternative aux véhicules qui y contribuent. Alors, plutôt rare dans nos villes, la pratique cycliste s'y est développée et, comme toujours, le nombre a créé la nécessité d'arbitrer les conflits de comportement sur la voie publique.

Qui n'en serait pas convaincu ? Il suffit de constater que l'équation ne se réduit plus au partage du territoire entre automobilistes et piétons. D'autres, qui ne sont ni l'un ni l'autre mais de plus en plus nombreux, y prétendent à leur tour, ne sachant trop, faute de règles, lesquelles ils doivent respecter. Ni bouc ni bique, pour reprendre une vieille formule de nos campagnes, les adeptes du vélo sont tentés d'être l'un et l'autre à la fois, à leur gré, se faufilant aussi bien sur les chaussées que prétendant à l'usage des trottoirs. On les supportait quand ils n'étaient que peu et leurs incartades souvent sans gravité ni conséquences ; leur nombre oblige à se préoccuper des risques qu'une insuffisance de réglementation, ou son ignorance, ferait courir à ceux et celles qui partagent la voie publique et ses dépendances.

Comme souvent, une telle initiative provoque la critique, chacun prétendant se persuader qu'il dispose d'une maturité sociale suffisante pour déterminer le comportement qu'il doit adopter à l'égard des autres. On serait heureux de donner crédit à un tel idéal si les accidents de la voie publique n'autorisaient à douter qu'il soit entièrement fondé. Quand même il le serait, chacun doit admettre que les règles de la circulation ont vocation à informer non seulement l'un des usagers de la voie publique de ce à quoi il est obligé, mais aussi tous les autres de ce qu'ils devraient pouvoir en attendre. Comment y parviendrait-on en laissant à la conscience de chacun le soin d'établir la règle ? Peut-être serait-elle pertinente, mais il faudrait encore que celui auquel elle est imposée en ait été préalablement informé...

C'est à cela que servent les codes. À ceux qui ne veulent y voir que l'affligeante bureaucratie d'un État soucieux de tout régenter, il convient de rappeler sans cesse que le droit est généralement légitimé, même quand la règle paraît évidente, par la priorité que trop accordent à l'instinct au détriment de la considération qui devrait lui être préférée dans les rapports humains. Notre faiblesse sur ce point exige donc des lois et des règlements qui n'interdisent que pour mieux permettre. Aussi ce code du cyclisme est-il bienvenu pour préciser ce que taisait naguère le code de la route. Peut-être l'égoïsme s'en affectera-t-il, certainement pas ceux qui, adoptant le vélo, se soucient de l'utiliser, veillant équitablement à la sécurité de tous, en respectant ce qu'il représente de liberté et de respect de l'environnement.

Éric DE MONTGOLFIER

Introduction

Un triple constat, plutôt heureux, est à l'origine de cette deuxième édition.

Tout d'abord, elle est rendue possible par le succès de la première qui a rencontré un public nombreux montrant à la fois que le droit n'est pas l'affaire des seuls juristes et que les cyclistes. Il est important de le souligner pour ceux qui feignent de ne les voir passer qu'aux feux rouges, ne méprisent pas les règles de la circulation et s'intéressent au développement social d'un moyen de transport qu'ils considèrent comme une nécessité collective et individuelle. À titre personnel, voir que son idée et son travail répondent à un besoin commun est une vraie satisfaction qui s'est doublée à plusieurs reprises du plaisir de rencontrer des convaincus, des militants, des personnes pour lesquelles le vélo est l'ordinaire ou des passionné.e.s, persuadé.e.s que les déplacements à vélo incarnent le futur. L'auteur sait ce qu'il doit à ses lecteurs et il est donc bien naturel que je commence par vous remercier de l'accueil que vous avez réservé au code du cycliste.

Le deuxième constat est qu'une mise à jour est nécessaire pour apporter les quelques précisions ou corrections qui me sont apparues nécessaires, ou qui m'ont été plus ou moins aimablement suggérées, mais aussi et surtout pour intégrer les dispositions de la loi n° 2019-1428 du 24 décembre 2019 d'orientation des mobilités qui a modifié un nombre non négligeable de dispositions applicables à la circulation à vélo. Autant le dire tout de suite, mais cela n'a pas échappé à grand monde, on est assez loin du « grand soir » et il serait bien exagéré de dire que cette loi, et les décrets qu'elle a appelés, vont révolutionner la pratique des déplacements à vélo dans notre pays. Utilisant le vocable de « mobilité » à la place de celui de transport et abusant de la notion de « mobilité active » pour assimiler les déplacements à vélo à la pratique de la marche à pied, cette loi dont les plus optimistes espéraient beaucoup n'a manifestement pas pris la vraie mesure d'une pratique qui, pour produire un effet collectif, doit devenir un mode de vie. Bien sûr, des dispositions importantes ont été adoptées comme celles qui favorisent l'apprentissage du vélo à l'école, la lutte contre les vols, l'ouverture du forfait mobilités durables aux fonctionnaires, le renforcement des obligations de créations de places de stationnement pour les vélos dans les gares… mais en oubliant de bonnes pratiques comme les « vélorues », en déléguant systématiquement les décisions à l'échelon local ou en ne sanctionnant pas le non-respect d'obligations d'aménagements pourtant présentées comme impératives, la loi pourrait n'être qu'une succession d'effets d'annonces offrant un nouveau cheval de bataille à ceux qui croient encore que la voiture est l'avenir des villes et se battent, à contre-courant mais avec un certain succès, contre la réalisation de nouvelles voies cyclables.

Pourtant, et il s'agit là du troisième constat qui donne le plus d'espoir, l'année 2020, avare en bonnes nouvelles, a montré que la place du vélo est devenue un enjeu politique et électoral. Au-delà d'un consternant « *green washing* » servi sans aucun scrupule, il semble bien que la majorité d'entre nous soit devenue consciente du fait que notre qualité de vie est victime d'une politique automobile qui a nui au développement des transports en commun, vidé les centres-villes et allongé considérablement les temps de trajet quotidiens. Nos voisins flamands et néerlandais, pour ne parler que d'eux, qui ne sont pas plus gentils ou plus intelligents que nous, ne se sont pas uniquement mis au vélo seulement pour le plaisir mais par nécessité, celle de retrouver une meilleure qualité de vie. À quelques exceptions un peu caricaturales près le candidat à une élection en 2020 s'est dit écologiste. Il a promis des arbres, de meilleurs transports en commun, des voitures électriques et des pistes cyclables. La dernière étude de la Fédération des usagers de la bicyclette, dont le succès est en lui-même plein de sens, montre de façon objective que certaines villes, dont notre capitale, sont exemplaires sur un sujet qui demeure néanmoins assez clivant dès qu'il s'agit d'envisager précisément les mesures à prendre. À cet égard, 2020 a aussi été révolutionnaire malgré nous : une grève des transports parisiens suivie d'une pandémie ont totalement modifié les habitudes de nombreux Français au point que le nombre de kilomètres de voies cyclables a explosé et surtout, en plusieurs endroits, le nombre de personnes qui les utilisent et en demandent d'autres. Bien sûr, les détracteurs de ces « coronapistes » et de ces voies de circulation en général ont beau jeu de montrer celles qui, réalisées à la va-vite en dépit du bon sens, sont restées vides ou presque. Les voies cyclables sont nécessaires mais pas suffisantes, elles doivent être pensées, sécurisées et respecter un principe de continuité sans lequel le cycliste se retrouve régulièrement face à un danger dissuasif. C'est malheureusement encore trop fréquent.

J'ai beaucoup appris depuis la première édition et je suis heureux et fier de pouvoir, grâce à la confiance d'un éditeur dont la renommée et le sérieux ont donné à ce petit guide une portée particulière, contribuer modestement au développement du vélo et à la sécurité de ceux qui le pratiquent parce que si j'en crois ce que je vois sur les réseaux sociaux, ils ont souvent raison. Une petite précision s'impose néanmoins parce que j'ai vu que certaines de mes décisions en tant que juge étaient considérées comme plus sévères que d'autres parce qu'elles étaient vues comme le fruit d'un militantisme pro-vélo. Même si j'accepte volontiers cette qualité de militant en tant que citoyen, je dois me défendre de la revendiquer en tant que magistrat et rappeler que mes décisions dans ce domaine sont guidées par de nombreuses considérations, ce que je crois devoir être la place du vélo dans la société n'étant que l'une d'entre elles.

Connu pour beaucoup d'autres choses que ses déplacements à vélo qu'il pratiquait néanmoins, l'ancien procureur Éric de Montgolfier m'a fait l'amitié d'introduire cette nouvelle édition. Son talent pour mettre des mots sur les principes collectifs et l'intérêt de la règle de droit m'impressionnent toujours et je le remercie de son concours à ce projet.

Enfin, à défaut de nouvelles données statistiques consolidées, je n'ai pas de modification à apporter à l'introduction de la première édition du code qui, complétée par ces quelques mots, continue d'exprimer ce que je veux partager et ma vision des nombreuses bonnes raisons de se déplacer à vélo. Elle précède donc toujours le code à proprement parler, remanié et complété pour remplir le mieux possible son office : aider et protéger le cycliste.

Avant-propos à la première édition

Chacun, selon son tempérament ou son humeur, y verra le verre à moitié plein ou à moitié vide mais le constat s'impose : le vélo revient ! Il ne s'agit pas de la pratique de vélo en tant que sport ou loisir qui a toujours connu un certain succès au pays du Tour de France mais du fait de considérer cet objet très simple comme un mode de déplacement au même titre que d'autres, en particulier motorisés, qui ont, depuis la fin des années soixante-dix en France[1] pris une place tellement importante qu'elle n'est pas sans incidence sur l'air que nous respirons.

Ainsi donc, au-delà d'un effet de mode qui pourrait être éphémère, il semble que

1. Il me faut absolument recommander l'incontournable et passionnante étude de Frédéric Héran, *Le retour de la bicyclette. Une histoire des déplacements urbains en Europe, de 1817 à 2050*, La Découverte/Poche, 2015.

de plus en plus de gens, principalement dans certaines grandes agglomérations, se déplacent quotidiennement à vélo pour aller au travail, à l'école ou faire leurs courses, bravant un climat pas toujours clément, des automobilistes pas toujours bienveillants et, enfin, des infrastructures souvent insuffisantes pour assurer leur sécurité et la fluidité de leurs déplacements. Certains de ces obstacles peuvent peut-être expliquer pourquoi le pays de la plus grande compétition cycliste du monde considère encore souvent au mieux le vélo comme le mode de déplacement obligé des étudiants désargentés et des « bobos écolos » et, au pire, comme une gêne pour ceux qui se déplacent vraiment et n'ont pas de temps à perdre, réussissant cette prouesse intellectuelle, qui n'a d'égale que leur impatience dans les embouteillages, de croire que les déplacements urbains en voiture individuelle font gagner du temps.

La foi du cycliste urbain français est pourtant tout à fait rationnelle.

Il sait tout d'abord que son choix est bon pour sa santé parce qu'il diminue le risque de maladies cardio-vasculaires, le risque d'obésité et qu'il développe ses capacités pulmonaires et cardiaques sans avoir à rejoindre les hordes de coureurs du dimanche dans les parcs des villes ou dépenser ses économies en de coûteux abonnements dans les salles de sport devant les vitrines desquelles il passe en faisant à l'air libre le sport que d'autres pratiquent en intérieur.

Il a aussi compris, et ce n'est pas rien par les temps qui courent, qu'il faisait des économies. Son engin, qu'il a acheté neuf, lui a coûté quelques centaines d'euros parce qu'il n'a pas voulu choisir entre confort, fiabilité et esthétique mais il se souvient que quelques dizaines d'euros lui avaient suffi plus jeune alors qu'il voulait déjà, les cheveux au vent, être libre d'aller gratuitement où il voulait. Il ne consomme aucun autre carburant que le bon repas qu'il comptait bien prendre de toutes façons. Pas de taxes, pas d'assurance obligatoire, pas de parking à payer, d'horodateur à nourrir au risque d'un forfait post-stationnement qui multiplierait par deux le budget de sa soirée cinéma. Pas de contrôle technique, de certificat d'immatriculation, de courroie de distribution, de garagiste faussement gêné du montant de la facture qui précède le moment où il devra expliquer à son employeur pourquoi il n'a pas pu venir ce matin. Au contraire, il vient d'apprendre qu'il avait le droit à des indemnités kilométriques ou, au moins, au remboursement de son forfait de location de vélo et de celui du train qui part de la gare jusqu'à laquelle il pédale. Bien sûr, il ne part pas en vacances à vélo et certaines courses comme certains trajets ne peuvent être faits autrement qu'en voiture mais il n'en a besoin que d'une seule qu'il gare d'autant plus facilement qu'elle ne sert pas tous les jours.

Plus vite à destination et donc plus disponible soit pour ses loisirs soit pour son employeur, il sait aussi que son effort individuel est bon pour la collectivité. La fabrication de son vélo n'a nécessité que très peu d'énergie et de matériaux. Ni moteur, ni batterie et autant de plastique et de caoutchouc que dans le quart du fauteuil dans lequel il s'assoit lorsqu'il se met au volant. Et surtout, évidemment, aucun gaz d'échappement et donc pas plus de gaz à effet de serre que de particules fines. Son moyen de déplacement est le plus écologique qui existe alors même qu'il lui permet de se déplacer, sans forcer, cinq fois plus vite qu'à pied.

Si le verre est aussi plus qu'à moitié vide c'est que, malgré ces incroyables avantages la part des déplacements urbains à vélo, dite « part modale », n'atteint pas en France les 3 %. Il s'agit d'une hausse récente mais, sur vingt-huit pays que compte l'Union européenne dont le taux moyen de la part modale du vélo dépasse les 7 %, la France est vingt-cinquième. Derrière ce chiffre moyen peu glorieux se cachent en plus de grandes disparités entre quelques grandes agglomérations exemplaires (Strasbourg, La Rochelle, Bordeaux…) dans lesquelles presque 10 % des déplacements quotidiens sont effectués à vélo et d'autres, comme à Lille ou Marseille, dans lesquelles ce type de déplacement est à peine plus qu'anecdotique. La comparaison avec les pays du nord de l'Europe, même voisins immédiats de la France, où ce taux peut dépasser 25 %, fait rougir. En plus, 50 % de nos déplacements quotidiens font moins de cinq kilomètres ce qui signifie que, puisque seulement 3 % d'entre eux sont faits à vélo, les obstacles à l'usage de ce mode de déplacement sont particulièrement puissants.

On sait déjà qu'ils n'ont rien à voir avec le climat sinon on ferait nettement plus de vélo à Toulon qu'à Maastricht, ce qui n'est pas le cas. De nombreux exemples démontrent aussi que le relief, effectivement plus favorable aux cyclistes néerlandais qu'aux italiens, était déjà un critère accessoire avant l'invention du vélo à assistance électrique puisque le plat pays lillois est presque vierge de cyclistes et que les montagnes de villes suisses ou norvégiennes en regorgent au contraire. Cela dit, une pratique régulière en témoigne, ces deux éléments peuvent se rejoindre dans l'obstacle pouvant résulter d'un certain inconfort : faire du vélo c'est bien, mais arriver trempé de pluie ou de sueur au travail n'est pas très agréable. L'argument ne peut être balayé et s'il fait partie du prix à payer pour l'ensemble des avantages évoqués plus haut, il faut y répondre que plus le nombre de cyclistes va augmenter plus le prix des vêtements techniques va baisser et, surtout, que de meilleures infrastructures réduiraient la difficulté de certains trajets rendus par exemple plus pénibles par la multiplication de feux de circulation dont le cadencement est destiné aux voitures et qui obligent le cycliste à redémarrer tous les cents mètres.

L'autre obstacle, le plus fréquemment mis en avant, est nettement plus pertinent : faire du vélo serait dangereux. Il est vrai qu'il y a des accidents et que le cycliste est plus vulnérable outre le fait que certains se mettent en danger. Il n'en demeure pas moins que les statistiques, correctement analysées[1], ne démontrent pas cette prétendue dangerosité particulière. En 2017, 173 cyclistes ont été tués dans un accident de la route, chiffre en hausse de 6,8 % par rapport à 2016[2] mais en prenant les chiffres de 2000 à 2016, on obtient… une baisse de 36 % du nombre de morts à vélo sur les routes de France. Les cyclistes représentent bien pour la dernière année connue 5 % de la mortalité routière ce qui est effectivement important. Toutefois, le service statistique de la Sécurité routière, dont le site[3] ne s'intéresse manifestement pas aux déplacements cyclistes, relève cependant que 77 % des personnes tuées ou gravement blessées l'ont été sur des « trajets de type promenade et loisirs » et que la classe d'âge des personnes

1. Les décodeurs du Monde, *Hausse de 22 % du nombre de morts à vélo en six ans, vraiment? Les limites d'un chiffre*, publié le 30 novembre 2017.

2. La sécurité routière en France, *Bilan de l'accidentalité de l'année 2017*.

3. http://www.securite-routiere.gouv.fr/

de plus de soixante-cinq ans est concernée par 44 % de la mortalité cycliste. Par ailleurs, si les agglomérations concentrent 82 % des accidents impliquant un cycliste, les accidents proportionnellement les plus graves ont lieu hors agglomération. L'Institut français des sciences et technologies des transports, de l'aménagement et des réseaux a identifié les principales causes d'accident[1] sur un trajet utilitaire et établi que dans 70 % des cas, le cycliste chute seul, après une tentative d'évitement d'un usager ou d'un obstacle, après collision contre un obstacle, à la suite d'une glissade sur voie mouillée, de nuit par mauvais temps et mauvaise visibilité, ou encore par déséquilibre. Ainsi, seuls 30 % des accidents impliquent un autre usager de la route. Le plus souvent, il s'agit d'un « conflit de trajectoire », en intersection la plupart du temps et, de façon récurrente, les cyclistes déclarent ne pas avoir été vus par l'autre conducteur qui, majoritairement, les heurte par l'arrière.

Surtout, contrairement à la météo et au relief, le nombre d'accidents à vélo n'est pas

1. IFSTTAR, *Typologie des accidents corporels de cyclistes âgés de plus de 10 ans* (mars 2015).

plus une fatalité que pour les automobilistes. En effet, il a déjà été largement démontré que lorsque la pratique du vélo augmente, le risque d'accident diminue. Un effet de « masse critique » repose sur le fait que plus les cyclistes sont nombreux dans l'espace public, mieux ils sont vus et connus et plus le risque d'accident décroît. Une étude réalisée en 2012[1] a même démontré qu'au-delà d'un certain nombre de cyclistes sur les routes le premier risque auquel ils étaient exposés n'était plus celui d'un accident mais, on en reparlera, de la pollution. Enfin, si la sécurité, pour les vélos, est une question d'équipement elle repose avant tout sur la qualité des infrastructures : le nombre des pistes cyclables, la qualité de leur revêtement, la continuité du réseau, la signalisation et l'organisation des intersections, l'organisation des zones dans lesquelles le vélo a une place spécifique… Si l'équipement comme la conduite dépendent de comportements individuels, les infrastructures sont de la compétence de la collectivité

1. Observatoire régional de santé d'Île-de-France, *Les bénéfices et les risques de la pratique du vélo*, Évaluation en Île-de-France, septembre 2012.

dont il ne semble pas que les dirigeants soient de fervents cyclistes tant la discontinuité des aménagements cyclables et le manque de bon sens de nombres d'installations sont criants. Pourtant, la preuve est mille fois faite que la sécurité des usagers de la route en général et des cyclistes en particulier dépend principalement de la qualité de l'organisation des voies et des routes.

Une autre donnée souvent oubliée est liée au comportement des conducteurs des véhicules motorisés et à l'influence que la collectivité peut exercer s'agissant de l'intégration par chacun de la place du vélo. Là encore, il s'agit de comportements individuels mais les institutions publiques peuvent prendre leur part de responsabilité puisqu'elles disposent des prérogatives pour faire respecter les dispositions protectrices existantes mais aussi, et sans doute faut-il insister sur ce point, de déterminer les conditions de formation des conducteurs qui sont confrontés à de nouvelles règles qui n'ont pas fait l'objet de la pédagogie nécessaire. Les exemples récents de l'apparition des « sas vélo », des contre-sens ou double-sens cyclables et des possibilités de tourner au feu rouge sont éloquents : une signalisation défaillante, des centres-villes embouteillés et des vélos qui sont au milieu de la circulation en ayant l'air de s'affranchir de la règle commune expliquent un agacement bien néfaste à une co-existence pacifique.

Il va de soi que les cyclistes doivent aussi être responsabilisés et, sans qu'il soit besoin de rentrer dans le débat sur le port obligatoire du casque sinon pour constater qu'il s'agit d'un pis-aller qui imposerait aux cyclistes de se protéger plutôt qu'aux automobilistes de les respecter, il faut affirmer que certains comportements sont proprement inconscients, même avec un casque. Rouler sur le trottoir, franchir un feu rouge ou rouler en sens interdit sont des infractions extrêmement dangereuses qui méritent aussi d'être sanctionnées. La multiplication soudaine des vélos, et des comportements gênants et/ou dangereux, générée notamment par la mise à disposition de vélos en libre-service dans de nombreuses agglomérations a crispé des attitudes méfiantes dans un pays dans lequel la voiture est encore synonyme de liberté malgré les kilomètres d'embouteillages quotidiens qui devraient plutôt interroger sur un modèle de transport écologiquement insoutenable et économiquement contestable.

Deux autres obstacles à la pratique du vélo peuvent encore être évoqués.

Tout d'abord, le nombre de vols de vélos est très important. Chaque année 350 000 vélos sont volés et 98 % ce ceux qui sont retrouvés ne peuvent être restitués faute de pouvoir identifier leur propriétaire. Casse-tête pour les enquêteurs et générant de façon excessive des frais de destruction des vélos ainsi abandonnés, ces vols ont des conséquences graves puisqu'une étude du CNRS[1] a montré qu'un quart des victimes renonçait ensuite à ce mode de déplacement. Ce même rapport s'intéressait aux possibles solutions en proposant, comme aux Pays-Bas, la mise en place d'un plan de stationnement des bicyclettes (dans la métropole lilloise sur laquelle portait l'étude et où le rédacteur de ces lignes circule assez pour témoigner que cette proposition est restée lettre morte). De nombreuses obligations existent déjà mais elles sont insuffisantes et insuffisamment appliquées. Aucune

1. IFRESI – CNRS, *Le vol de bicyclettes : analyse du phénomène et méthodes de prévention*, février 2003.

gare française, même dans les plus grandes villes, ne peut rivaliser avec le parking gratuit sécurisé de la gare belge d'Anvers, sans même parler de la ville néerlandaise d'Utrecht et ses 330 000 habitants dont la gare peut accueillir 12 500 vélos ! Attacher son vélo s'apprend aussi et assurer son moyen de transport est toujours possible.

Le dernier obstacle pourrait être la pollution. Elle se sent plus facilement quand on est à vélo et le cycliste y est incontestablement exposé sans filtre. Il n'y est cependant pas plus exposé que l'automobiliste coincé son habitacle et dans des embouteillages dans lesquels le cycliste reste moins longtemps. Synthétisant plusieurs études, l'ADEME (Agence de l'environnement et de la maîtrise de l'énergie) a estimé[1] que le niveau de pollution dans l'habitacle d'une voiture est 1,5 fois plus élevé que celui auquel est exposé un cycliste sur un même parcours. En plus, le cycliste, légèrement à l'écart sur une piste cyclable séparée, réduit encore son exposition qui devient deux fois moins importante. Enfin, évidem-

1. https://www.inc-conso.fr/content/exposition-la-pollution-velo-versus-voiture-avec-lademe-0

ment, plus de vélo c'est moins de voiture et donc moins de pollution. Cela s'appelle un cercle vertueux.

Il ne peut probablement pas être question d'abandonner la voiture, elle change et demeure indispensable à la majorité des Français, mais elle ne peut plus être le modèle unique. En France, un trajet en voiture sur quatre fait moins de trois kilomètres et en agglomération c'est encore pire : quatre trajets sur dix sont ainsi qualifiés de « courts » et représentent au total près de 10 % de la distance totale parcourue en voiture[1] au point que le CEREMA parle d'un « gisement de report modal ». À l'heure du « Plan vélo »[2] pour lequel le Gouvernement envisage d'investir 350 millions d'euros dans l'objectif de multiplier par trois la part modale des déplacements à vélo dans notre pays, il faut penser autrement le vélo dans la ville. Pas comme un intrus qui prend la place des voitures mais comme le meilleur moyen pour tous d'y vivre mieux. Gain de place, gain de temps, meilleure

1. CEREMA, *Transflash* n° 398, juin 2015.
2. https://www.gouvernement.fr/sites/default/files/document/document/2018/09/dossier_de_presse_-_plan_velo_-_vendredi_14_septembre_2018.pdf

accessibilité aux commerces, moins de pollution… La création d'une piste cyclable coûte dix fois moins chère que celle d'une route et cent mètres de bande cyclable représentent pour la collectivité une dépense de moins de mille euros. Même le contribuable y gagne.

L'objectif de ce petit code est de participer à ce mouvement ambitieux, lointain mais pas impossible, de créer une « culture vélo ». Il est né de ce qu'un juriste sait que pour faire valoir ses droits il faut d'abord les connaître et que même si « nul n'est censé ignorer la loi », elle n'est pas toujours facile d'accès. Quand la loi contraint c'est aussi pour protéger. Le code de la route en donne un bon exemple puisqu'il fait de cette route où le plus fort gagne presque toujours un lieu, à parfaire certes, de civilisation.

Après plus de douze ans de déplacements quotidiens à vélo, je me suis résolu à croire que la pédagogie était plus que jamais nécessaire dans un pays où malheureusement on n'enseigne pas systématiquement à l'école à se déplacer à vélo et où, de toutes façons, ce qui pourrait être le symbole de la liberté de se déplacer pour nos enfants, se heurte souvent au simple fait que la rue de l'école, du collège ou du lycée n'a pas de piste cyclable.

Il y a beaucoup de lois et de règlements en France. Les premières, votées par le Parlement, pas plus que les seconds, décrets et arrêtés du Gouvernement, ne peuvent édicter une culture. En plus, comme souvent, derrière un arsenal juridique assez flatteur se cachent un faible investissement dans les contrôles et les sanctions et des lacunes qui démontrent qu'il reste du chemin à parcourir pour que le législateur fasse la preuve de son réel intérêt pour les déplacements cyclistes. Il suffit pour l'illustrer de comparer l'importance des textes consacrés au stationnement des vélos, point essentiel mais probablement pas le plus fondamental, par rapport à celle données aux aménagements de circulation. Il faut dire qu'il est plus facile d'imposer aux propriétaires, employeurs et commerçants de créer des places de stationnement que d'imposer aux collectivités locales la création d'infrastructures de circulation en réseau, entretenue et sûres. Il serait aussi tellement intéressant que les institutions publiques montrent l'exemple ne serait-ce qu'en permettant au cycliste usager de services publics de stationner devant son administration préférée… Plus symptomatique et inquiétant encore, le silence de la loi sur le contenu d'un document essentiel dans l'aménagement du territoire qu'est le schéma de cohérence territoriale (SCOT) au sujet des déplacements non motorisés et notamment cyclistes pour lesquels il est seulement prévu qu'il peut préciser « le nombre minimal de réalisation d'aires de stationnement que les plans locaux d'urbanisme et les documents d'urbanisme en tenant lieu doivent imposer » (C. urb., art. L. 411-15) et assurer que les cyclistes puissent accéder aux aménagements commerciaux (art. L. 411-17 du même code). Accéder aux centres commerciaux et se garer : voilà bien des préoccupations d'automobilistes !!

Ce modeste code n'est pas un code au sens officiel en ce qu'il serait le fruit, comme le code de la route par exemple, d'une décision politique centralisatrice du droit mais il procède de la logique, plus ancienne et caractéristique des cultures dites « de droit écrit », de la compilation. Il n'a néanmoins pas pu avoir l'honneur de la célèbre couverture rouge d'un « code Dalloz » si chère aux juristes c'est parce qu'il est issu d'un travail de recherches par mots-clés, dans l'ensemble des codes français, des dispositions spécifiquement applicables aux cyclistes et de leur organisation selon des thèmes en lien direct avec les centres d'intérêt de ceux qui ont choisi ou vont choisir de privilégier les nombreux avantages du vélo dans leur vie de tous les jours.

Après réflexion et en concertation avec l'éminent juriste qui dirige la collection qui a eu l'amabilité d'accueillir mon projet, il a été décidé que ce code commencerait par exposer les devoirs du cycliste. Souvent essentiels pour la sécurité, ils sont majoritairement issus du code de la route dont les dispositions, et c'est l'objet d'un avertissement important qui porte le nom d'article préliminaire, sont par nature applicables aux cyclistes dès lors qu'elles ne sont pas réservées aux véhicules terrestres à moteur. Il n'est pas excessif d'affirmer que certaines dispositions sont un peu archaïques et rigides et que des intentions verbalisatrices pourraient exposer les usagers prudents de vélos à des sanctions sans grand rapport avec leur protection. Ces obligations spécifiques pouvant, c'est le principe, faire l'objet de poursuites, il est apparu important, pour le cycliste comme pour le citoyen, de réserver quelques chapitres au droit pénal et à la procédure pénale pour que chacun connaisse bien les enjeux d'une place sur la route qui est aussi une source de responsabilités. Le second titre est consacré aux droits des cyclistes. Ils sont insuffisants mais déjà nombreux et le cycliste éclairé, au sens juridique, pourra les faire valoir pour améliorer sa condition et sa sécurité, pour qu'il ne soit plus une exception sur la route mais le pionnier d'une grande idée pour tous, celle qui ferait que chacune et chacun, lorsqu'il doit se déplacer, puisse répondre positivement à la question de savoir si le trajet qu'il projette ne pourrait pas, tout simplement, être fait à vélo. Comme si c'était le principe, dans l'intérêt de chacun et de tous.

J'espère que les années à venir justifieront de nombreuses mises à jour.

Avertissement

Le nombre de modifications issues des réformes intervenues depuis la première édition du code a conduit à en modifier légèrement l'organisation et à en renuméroter les articles.

La mention (LOM) signifie que les dispositions qui la suivent ont été créées ou modifiées par la loi n° 2019-1428 du 24 décembre 2019 d'orientation des mobilités. Les modifications apportées par les décrets pour son application ne sont pas identifiées comme telles.

Livre I
Les obligations du cycliste

Article préliminaire

L'usage des voies ouvertes à la circulation publique est régi par les dispositions du code de la route. Il en est de même de l'usage des voies non ouvertes à la circulation publique, lorsqu'une disposition du même code le prévoit.

Le présent code du cycliste ne reprenant que les dispositions légales et réglementaires spécifiquement applicables aux cycles et à la circulation cycliste, elles ne sont pas exclusives de l'ensemble des dispositions du code de la route qui s'imposent aux cyclistes en tant qu'usagers de la route et lui imposent aussi la prudence et le civisme pour sa sécurité comme celle des autres.

Titre I
Définitions

Article 1er (C. route, art. R. 311-1, § 6.10 et 6.11)

Pour l'application du présent code, les termes ci-après ont le sens qui leur est donné dans le présent article :

– cycle : véhicule ayant au moins deux roues et propulsé exclusivement par l'énergie musculaire des personnes se trouvant sur ce véhicule, notamment à l'aide de pédales ou de manivelles ;

– cycle à pédalage assisté : cycle équipé d'un moteur auxiliaire électrique d'une puissance nominale continue maximale de 0,25 kilowatt, dont l'alimentation est réduite progressivement et finalement interrompue lorsque le véhicule atteint une vitesse de 25 km/h, ou plus tôt si le cycliste arrête de pédaler.

Art. 2 (C. route, art. R. 110-2)

Pour l'application du [code de la route], les termes ci-après ont le sens qui leur est donné dans le présent article :

– agglomération : espace sur lequel sont groupés des immeubles bâtis rapprochés et dont l'entrée et la sortie sont signalées par des panneaux placés à cet effet le long de la route qui le traverse ou qui le borde;

– aire piétonne : section ou ensemble de sections de voies en agglomération, hors routes à grande circulation, constituant une zone affectée à la circulation des piétons de façon temporaire ou permanente. Dans cette zone, sous réserve des dispositions (de l'article) [...] R. 431-9 du code de la route, seuls les véhicules nécessaires à la desserte interne de la zone sont autorisés à circuler à l'allure du pas et les piétons sont prioritaires sur ceux-ci. Les entrées et sorties de cette zone sont annoncées par une signalisation. [...]

– bande cyclable : voie exclusivement réservée aux cycles à deux ou trois roues (et aux engins de déplacement personnel motorisés) sur une chaussée à plusieurs voies; [...]

– chaussée : partie(s) de la route normalement utilisée(s) pour la circulation des véhicules;

– intersection : lieu de jonction ou de croisement à niveau de deux ou plusieurs chaussées, quels que soient le ou les angles des axes de ces chaussées ;

– piste cyclable : chaussée exclusivement réservée aux cycles à deux ou trois roues (et aux engins de déplacement personnel motorisés) ; [...]

– voie de circulation : subdivision de la chaussée ayant une largeur suffisante pour permettre la circulation d'une file de véhicules ;

– voie verte : route exclusivement réservée à la circulation des véhicules non motorisés (à l'exception des engins de déplacement personnel motorisés), des piétons et des cavaliers ;

– zone de rencontre : section ou ensemble de sections de voies en agglomération constituant une zone affectée à la circulation de tous les usagers. Dans cette zone, les piétons sont autorisés à circuler sur la chaussée sans y stationner et bénéficient de la priorité sur les véhicules. La vitesse des véhicules y est limitée à 20 km/h. Toutes les chaussées sont à double sens pour les cyclistes (et les conducteurs d'engins de déplacement personnel motorisés), sauf dispositions différentes prises par l'autorité investie du pouvoir de police. Les entrées et sorties de cette zone sont annoncées par une signalisation et l'ensemble de la zone est aménagé de façon cohérente avec la limitation de vitesse applicable.

– zone 30 : section ou ensemble de sections de voies constituant une zone affectée à la circulation de tous les usagers. Dans cette zone, la vitesse des véhicules est limitée à 30 km/h. Toutes les chaussées sont à double sens pour les cyclistes (et les conducteurs d'engins de déplacement personnel motorisés), sauf dispositions différentes prises par l'autorité investie du pouvoir de police. Les entrées et sorties de cette zone sont annoncées par une signalisation et l'ensemble de la zone est aménagé de façon cohérente avec la limitation de vitesse applicable.

> Ces définitions sont essentielles parce que le droit est histoire de mots et d'interprétation et qu'au cœur des deux dernières définitions, celle de la « zone de rencontre » et celle de la « zone 30 », se trouve une vraie disposition qui instaure le principe du double sens cyclable selon lequel il n'y a, sauf exception, pas de sens interdit pour les cyclistes. Sans se donner la peine de faire la pédagogie nécessaire à la connaissance de ces dispositions par les conducteurs de véhicules motorisés, le législateur a préféré accorder la même possibilité de circuler aux utilisateurs d'engins motorisés, de déplacement personnel certes, avec lesquels la cohabitation n'est pas toujours aisée tellement ces moyens de déplacements sont écologiquement, physiquement et philosophiquement à l'opposé du vélo.
>
> La définition de l'aire piétonne contient aussi la possibilité prévue pour les vélos par l'article R. 431-9 d'y rouler au pas et sans gêner les piétons.

Art. 3 (C. transp., art. L. 1271-1) (LOM)

Les mobilités actives, notamment la marche à pied et le vélo, sont l'ensemble des modes de déplacement pour lesquels la force motrice humaine est nécessaire, avec ou sans assistance motorisée. Elles contribuent à la mise en œuvre de l'objectif assigné à l'organisation des mobilités définie à l'article L. 1111-1 (du code des transports) et à la préservation de la santé publique.

> Ce texte ouvre un nouveau titre (VII) du code des transports intitulé « mobilités actives et intermodalité ». La notion de mobilité(s) active(s) est au cœur de la loi d'orientation des mobilités au point de remplacer à plusieurs reprises dans la loi, pas toujours pour le meilleur, la référence au vélo. Sa définition, sûrement pleine de bonnes intentions, associe malheureusement le vélo à la marche ce qui n'est culturellement pas très heureux quand on prétend vouloir faire considérer le vélo comme un vrai moyen de déplacement, permettant d'aller plus loin et plus vite que la marche, mais écarte heureusement les engins de déplacement personnels motorisés dont le marketing puissant avait essayé un temps de nous faire croire qu'ils étaient bon pour la santé et l'environnement. Enfin, la référence au premier article du code des transports est intéressante puisqu'il consacre un droit à une mobilité choisie, notamment active.

Titre II
L'équipement

Chapitre 1
L'équipement du vélo

Section 1 **Le freinage**

Art. 4 (C. route, art. R. 315-3)

Tout cycle doit être muni de deux dispositifs de freinage efficaces.

Le fait de contrevenir aux dispositions du présent article est puni de l'amende prévue pour les contraventions de la première classe.

> Les amateurs du rétro-pédalage hollandais ou du « fixie » doivent disposer d'un frein avant pour être en règle.

Section 2 **L'avertisseur sonore**

Art. 5 (C. route, art. R. 313-33, al. 3 et 5)

Tout […] cycle doit être muni d'un appareil avertisseur constitué par un timbre ou un grelot dont le son peut être entendu à 50 mètres au moins. L'emploi de tout autre signal sonore est interdit.

Le fait, pour tout conducteur […] d'un cycle, de contrevenir aux dispositions du présent article est puni de l'amende prévue pour les contraventions de la première classe.

> L'interdiction de tout autre signal sonore que la « sonnette » prohibe donc le recours à des systèmes plus ou moins modernes à pile, à soufflet, à air comprimé…

Section 3 **Le changement de direction**

Art. 6 (C. route, art. R. 412-10)

Tout conducteur qui s'apprête à apporter un changement dans la direction de son véhicule ou à en ralentir l'allure doit avertir de son intention les autres usagers, notamment lorsqu'il va se porter à gauche, traverser la chaussée, ou lorsque, après un arrêt ou stationnement, il veut reprendre sa place dans le courant de la circulation.

Le fait, pour tout conducteur, de contrevenir aux dispositions du présent article relatives au changement de direction est puni de l'amende prévue pour les contraventions de la deuxième classe.

Tout conducteur coupable de cette dernière infraction encourt également la peine complémentaire de suspension du permis de conduire pour une durée de trois ans au plus, cette suspension pouvant être limitée à la conduite en dehors de l'activité professionnelle. [...]

> Il ne s'agit pas d'une obligation spécifique aux cyclistes mais son importance pour la sécurité de chacun justifie qu'elle soit reprise ici. Avertir d'un changement de direction ne repose pas, pour un cycliste, sur un équipement obligatoire particulier mais est une obligation à laquelle il doit se soumettre par tout moyen c'est-à-dire, le plus souvent, à l'aide de son bras ou, parfois, avec des dispositifs lumineux qui peuvent être très ingénieux s'ils sont efficaces.

Section 4 **Éclairage et visibilité**

Art. 7 (C. route, art. R. 313-1)

Tout véhicule ne peut être pourvu que des dispositifs d'éclairage ou de signalisation prévus au (code de la route). Ceux-ci doivent être installés conformément aux prescriptions du présent chapitre. [...]

Le fait, pour tout conducteur [...] d'un cycle, de contrevenir aux dispositions du présent article est puni de l'amende prévue pour les contraventions de la première classe.

> Seuls les dispositifs d'éclairage prévus par le code de la route sont autorisés. Les autres sont illégaux puisqu'ils ne peuvent ni les remplacer ni même les compléter… ce qui est bien dommage.

Art. 8 (C. route, art. R. 313-4)

Feux de position avant. [...]

X. – La nuit, ou le jour lorsque la visibilité est insuffisante, tout cycle doit être muni d'un feu de position émettant vers l'avant une lumière non éblouissante, jaune ou blanche. [...]

XII. – La nuit, ou le jour lorsque la visibilité est insuffisante, en cas d'absence, de non-conformité ou de défectuosité des feux de position avant, l'immobilisation peut être prescrite dans les conditions prévues aux articles L. 325-1 à L. 325-3 (du code de la route).

XIII. – Le fait pour tout conducteur d'un cycle de contrevenir aux dispositions du présent article est puni de l'amende prévue pour les contraventions de la première classe.

Art. 9 (C. route, art. R. 313-5)

Feux de position arrière. […]

V. – La nuit, ou le jour lorsque la visibilité est insuffisante, tout cycle doit être muni d'un feu de position arrière. Ce feu doit être nettement visible de l'arrière lorsque le véhicule est monté.

VI. – Lorsque la remorque […] d'un cycle, ou son chargement, sont susceptibles de masquer les feux de position arrière du véhicule tracteur, la remorque doit être munie du ou des dispositifs correspondants, dont le nombre est fixé à deux obligatoirement si la largeur de la remorque dépasse 1,30 mètre. […]

X. – La nuit, ou le jour lorsque la visibilité est insuffisante, en cas d'absence, de non-conformité ou de défectuosité des feux de position arrière, l'immobilisation peut être prescrite dans les conditions prévues aux articles L. 325-1 à L. 325-3 (du code de la route).

XI. – Le fait, pour tout conducteur d'un cycle, de contrevenir aux dispositions du présent article est puni de l'amende prévue pour les contraventions de la première classe.

> Le feu arrière peut être à intensité variable, c'est-à-dire clignotant, comme l'autorise l'article R. 313-25 alinéa 2 du code de la route.

Art. 10 (C. route, art. R. 313-18)

Catadioptres arrière. [...]

V. – Tout cycle doit être muni d'un ou plusieurs catadioptres arrière.

VI. – Lorsque la remorque [...] d'un cycle, ou son chargement, masque le ou les catadioptres du véhicule tracteur, la remorque doit être munie du ou des dispositifs correspondants, dont le nombre est fixé à deux obligatoirement si la largeur de la remorque dépasse 1,30 mètre.

XI. – Le fait, pour tout conducteur d'un cycle, de contrevenir aux dispositions du présent article est puni de l'amende prévue pour les contraventions de la première classe.

> On appelle catadioptre tout dispositif réfléchissant la lumière et rendant le véhicule, ou l'obstacle qui en est équipé, visible de nuit lorsqu'il est éclairé par une source de lumière extérieure.

Art. 11 (C. route, art. R. 313-19)

Catadioptres latéraux.

I. – Tout […] tout tricycle […] doit être muni d'au moins un ou de deux catadioptres latéraux, non triangulaires, de couleur orangée. […]

III. – Tout cycle doit être muni de catadioptres orange visibles latéralement. […]

V. – Le fait, pour tout conducteur d'un cycle, de contrevenir aux dispositions du présent article est puni de l'amende prévue pour les contraventions de la première classe.

Art. 12 (C. route, art. R. 313-20)

Autres catadioptres. […]

III. – Les pédales de tout cycle […] doivent comporter des catadioptres de couleur orangée […].

IV. – Tout cycle doit être muni d'un catadioptre blanc visible de l'avant.

V. – Tout cycle peut comporter à l'arrière et à gauche un dispositif écarteur de danger. […]

VIII. – Le fait, pour tout conducteur d'un cycle, de contrevenir aux dispositions du présent article est puni de l'amende prévue pour les contraventions de la première classe.

Art. 13 (C. route, art. R. 416-10)

[De nuit ou de jour par visibilité insuffisante] les cycles ainsi que leur remorque doivent circuler avec le feu de position et le feu rouge arrière allumés.

Le fait, pour tout conducteur, de contrevenir aux dispositions du présent article est puni de l'amende prévue pour les contraventions de la première classe.

Art. 14 (C. route, art. R. 416-15)

[De nuit ou de jour par visibilité insuffisante] à l'arrêt ou en stationnement, [...] les cycles à deux roues peuvent ne pas être signalés s'ils ne sont pas attelés d'une remorque mais ils doivent être garés au bord de la chaussée.

Section 5 **Le transport de personne(s)**

Sous-section 1 ***Dispositions communes***

Art. 15 (C. route, art. R. 431-5)

Sur les […] cycles, le transport de passagers n'est autorisé que sur un siège fixé au véhicule, différent de celui du conducteur.

Pour l'application du présent article, la selle double ou la banquette est assimilée à deux sièges.

Le fait pour tout conducteur de transporter des personnes sans respecter les dispositions du présent article est puni de l'amende prévue pour les contraventions de la deuxième classe.

Art. 16 (C. route, art. R. 431-11)

Sur les véhicules à deux roues sauf les cycles dits tandems, le siège du passager doit être muni soit d'une courroie d'attache, soit d'au moins une poignée et de deux repose-pied.

Sur tous les véhicules à deux roues, pour les enfants âgés de moins de cinq ans, l'utilisation d'un siège conçu à cet effet et muni d'un système de retenue est obligatoire.

Le conducteur doit s'assurer que les pieds des enfants ne peuvent être entraînés entre les parties fixes et les parties mobiles du véhicule.

Le fait, pour tout conducteur, de contrevenir aux dispositions du présent article est puni de l'amende prévue pour les contraventions de la deuxième classe.

Sous-section 2 ***Le transport à titre onéreux***

Art. 17 (C. transp., art. L. 3120-1) (LOM)

Le [titre II du code des transports (consacré aux transports publics particuliers)] est applicable aux prestations de transport routier de personnes effectuées à titre onéreux avec des véhicules de moins de dix places [...].

Art. 18 (C. transp., art. L. 3123-2) (LOM)

Les entreprises qui mettent à la disposition de leur clientèle, pour assurer leur transport ainsi que celui de leurs bagages, des cycles à pédalage assisté conduits par le propriétaire ou son préposé doivent disposer :

1° D'un ou plusieurs véhicules adaptés répondant à des conditions techniques et de confort et sur lesquels doit être apposée une signalétique visible;

2° De conducteurs répondant à une condition d'honorabilité professionnelle et justifiant d'une aptitude à la conduite sur la voie publique;

3° D'un contrat d'assurance couvrant leur responsabilité civile en matière de véhicule et de transport de personnes.

Art. 19 (C. transp., art. L. 3123-2-1) (LOM)

Les autorités compétentes en matière de police de la circulation et du stationnement peuvent, après avis de l'autorité organisatrice de la mobilité concernée, soumettre les services de transport par cycles à pédalage assisté à des prescriptions particulières, en vue de s'assurer du respect par les entreprises mettant à disposition ces cycles des conditions prévues à l'article L. 3123-2 (du code des transports).

Art. 20 (C. transp., art. L. 3124-11) (LOM)

En cas de violation de la réglementation applicable à la profession par le conducteur d'un véhicule de transport public particulier de personnes, l'autorité administrative peut lui donner un avertissement [...].

Art. 21 (C. transp., art. L. 3120-2-1) (LOM)

Les conducteurs des véhicules qui exécutent les prestations mentionnées à l'article

L. 3120-1 (du code des transports) répondent, dans des conditions définies par décret en Conseil d'État, à des conditions d'aptitude professionnelle, à l'exclusion des conducteurs de cycles à pédalage assisté, et à des conditions d'honorabilité professionnelle.

Art. 22 (C. transp., art. L. 3120-2-2) (LOM)

Les conducteurs des véhicules qui exécutent les prestations mentionnées à l'article L. 3120-1 (du code des transports), à l'exclusion des conducteurs de cycles à pédalage assisté, sont titulaires d'une carte professionnelle délivrée par l'autorité administrative.

Section 6 **La publicité en vélo**

Art. 23 (C. route, art. R. 418-1)

Toute publicité lumineuse ou par appareil réfléchissant est interdite sur les véhicules. […]

Le fait de contrevenir, à l'aide d'un cycle, aux dispositions du présent article est puni de l'amende prévue pour les contraventions de la première classe.

Section 7 **Dispositions spécifiques aux cycles à pédalage assisté**

Art. 24 (C. route, art. L. 317-1) (LOM)

Le fait, pour le responsable de l'exploitation […] d'un cycle à pédalage assisté soumis à une obligation de limitation de vitesse par construction, de ne pas respecter cette obligation, de modifier, ou, en tant que commettant, de faire ou de laisser modifier le dispositif de limitation de vitesse par construction afin de permettre […] au cycle de dépasser sa vitesse maximale autorisée, est puni d'un an d'emprisonnement et de 30 000 euros d'amende.

Le préposé est passible des mêmes peines lorsque l'infraction résulte de son fait personnel.

Toute personne coupable de ce délit encourt également la peine complémentaire de suspension, pour une durée de trois ans au plus, du permis de conduire, cette suspension pouvant être limitée à la conduite en dehors de l'activité professionnelle.

Le […] cycle sur lequel l'infraction a été commise est immobilisé et retiré de la circulation jusqu'à ce qu'il ait été mis en conformité ou réparé. Un décret en Conseil d'État fixe les conditions d'application du présent alinéa.

> Mettre à disposition du public des vélos à assistance électrique pouvant dépasser la limite de 25 km/h est un délit.

Art. 25 (C. route, art. L. 317-5) (LOM)

I. – Le fait pour un professionnel de fabriquer, d'importer, d'exporter, d'exposer, d'offrir, de mettre en vente, de vendre, de proposer à la location ou d'inciter à acheter ou à utiliser un dispositif ayant pour objet de dépasser les limites réglementaires fixées en matière de vitesse, de cylindrée ou de puissance maximale [...] d'un cycle à pédalage assisté [...] est puni de deux ans d'emprisonnement et de 30 000 euros d'amende.

II. – Le fait pour un professionnel de réaliser, sur [...] un cycle à pédalage assisté [...], des transformations ayant pour effet de dépasser les limites réglementaires fixées en matière de vitesse, de cylindrée ou de puissance maximale du moteur est puni des mêmes peines.

III. – Le dispositif prévu au I est saisi. Lorsque le dispositif est placé, adapté ou appliqué sur un [...] cycle à pédalage assisté, ce [...] cycle [...] peut également être saisi.

Art. 26 (C. route, art. L. 317-6) (LOM)

La tentative des délits prévus par l'article L. 317-5 est punie des mêmes peines.

Art. 27 (C. route, art. L. 317-7) (LOM)

Les personnes physiques coupables des infractions prévues par l'article L. 317-5 (du code de la route) encourent également les peines complémentaires suivantes :

1° La suspension, pour une durée de trois ans au plus, du permis de conduire;

2° La confiscation du véhicule, lorsque le dispositif qui a servi ou était destiné à commettre l'infraction est placé, adapté ou appliqué sur un véhicule;

3° L'interdiction, suivant les modalités prévues par l'article 131-27 du code pénal, d'exercer l'activité professionnelle ou sociale dans l'exercice ou à l'occasion de l'exercice de laquelle l'infraction a été commise, pour une durée de cinq ans au plus.

Toute condamnation pour le délit prévu à l'article L. 317-5 (du code de la route) donne lieu de plein droit à la confiscation du dispositif qui a servi ou était destiné à commettre l'infraction.

Art. 28 (C. route, art. L. 317-8) (LOM)

Les personnes morales déclarées responsables pénalement, dans les conditions prévues par l'article 121-2 du code pénal, des infractions définies à l'article L. 317-5 (du code de la route) encourent, outre l'amende suivant les modalités prévues par l'article 131-38 du code pénal, les peines prévues par les 4° à 6°, 8° et 9° de l'article 131-39 du même code.

Le « débridage » d'un vélo à assistance électrique par un professionnel est un délit sévèrement réprimé. Le procédé est tellement dangereux qu'on peut envisager qu'un non professionnel puisse se voir reprocher le délit de mise en danger délibérée d'autrui.

Chapitre 2
L'équipement du cycliste

Section 1 **Le casque**

Art. 29 (C. route, art. R. 431-1-3)

I. – En circulation, le conducteur et le passager d'un cycle, s'ils sont âgés de moins de douze ans, doivent être coiffés d'un casque conforme à la réglementation relative aux équipements de protection individuelle. Ce casque doit être attaché.

II. – S'il est âgé d'au moins dix-huit ans, le conducteur de cycle qui transporte un passager âgé de moins de douze ans doit s'assurer que ce passager est coiffé d'un casque dans les conditions prévues au I.

De même, la personne âgée d'au moins dix-huit ans qui accompagne au moins un conducteur de cycle âgé de moins de douze ans doit s'assurer, lorsqu'elle exerce une autorité de droit ou de fait sur ce ou ces conducteurs, que chacun est coiffé d'un casque dans les conditions prévues au I.

III. – Le fait de contrevenir aux dispositions du II est puni de l'amende prévue pour les contraventions de la quatrième classe.

IV. – Un arrêté du ministre chargé de la sécurité routière fixe les caractéristiques du casque mentionné au I.

> Selon l'arrêté du 21 décembre 2016 relatif aux caractéristiques des casques portés par les conducteurs et les passagers de cycle âgés de moins de douze ans, le casque mentionné à l'article R. 431-1-3 du code de la route est le casque pour cycliste conforme à la réglementation relative aux équipements de protection individuelle et portant le marquage « CE ».

> Il s'agit de l'unique contravention de quatrième classe (voir plus bas le « code pénal du cycliste ») directement et uniquement applicable au cycliste qui rend l'adulte transportant ou accompagnant le mineur de moins de douze ans pénalement responsable du port du casque de l'enfant qui, lui, n'encourt aucune sanction.

Section 2 **Le gilet « haute visibilité »**

Art. 30 (C. route, art. R. 431-1-1)

Lorsqu'ils circulent la nuit, ou le jour lorsque la visibilité est insuffisante, tout conducteur et passager d'un cycle doivent porter hors agglomération un gilet de haute visibilité conforme à la réglementation et dont les caractéristiques sont prévues par un arrêté du ministre chargé des transports.

Le fait pour tout conducteur ou passager d'un cycle de contrevenir aux dispositions du présent article est puni de l'amende prévue pour les contraventions de la deuxième classe.

> La définition de ce gilet résulte de l'arrêté du 29 septembre 2008 modifié relatif au gilet de haute visibilité (ministre de l'Écologie, de l'énergie, du développement durable et de l'aménagement du territoire) selon lequel :
>
> « Pour l'application des articles R. 416-19 et R. 431-1-1 du code de la route, est considéré comme gilet tout vêtement porté sur le haut du corps tel que veste, parka, gilet, chemise ou chasuble.
>
> Le gilet de haute visibilité prévu au II de l'article R. 416-19 du code de la route et la tenue de haute visibilité prévue au III, troisième alinéa, du même article ainsi que le gilet de haute visibilité prévu à l'article R. 431-1-1 du code de la route doivent respecter les règles techniques de conception et de fabrication relatives aux équipements de protection individuelle vestimentaires appropriés à la signalisation visuelle de l'utilisateur, définies à l'annexe II de l'article R. 4312-6 du code du travail et attestées par le marquage CE conformément à l'article R. 4313-3 dudit code. »

Section 3 **Téléphone et écouteurs**

Art. 31 (C. route, art. R. 412-6)

L'usage d'un téléphone tenu en main par le conducteur d'un véhicule en circulation est interdit.

Est également interdit le port à l'oreille, par le conducteur d'un véhicule en circulation, de tout dispositif susceptible d'émettre du son, à l'exception des appareils électroniques correcteurs de surdité. […]

Le fait, pour tout conducteur, de contrevenir aux dispositions du présent article est puni de l'amende prévue pour les contraventions de la quatrième classe.

Tout conducteur coupable de cette infraction encourt également la peine complémentaire de suspension, pour une durée de trois ans au plus, du permis de conduire, cette suspension pouvant être limitée à la conduite en dehors de l'activité professionnelle. […]

> Cette interdiction n'est évidemment pas propre aux cyclistes mais il m'est souvent apparu qu'elle pouvait utilement être rappelée. Être coupé de son environnement sonore à vélo est particulièrement dangereux.

Titre III
Interdictions et signalisations particulières

Chapitre 1
La place sur la chaussée

Section 1 Les obligations et interdictions particulières

Sous-section 1 ***Les voies cyclables***

Art. 32 (C. route, art. R. 431-9)

Pour les conducteurs de cycles à deux ou trois roues, l'obligation d'emprunter les bandes ou pistes cyclables est instituée par l'autorité investie du pouvoir de police après avis du préfet.

Par dérogation aux dispositions de l'article R. 110-2 (du code de la route), les conducteurs de cyclomoteurs à deux roues, sans side-car ni remorque peuvent être autorisés à emprunter les bandes et pistes cyclables par décision de l'autorité investie du pouvoir de police.

Lorsque la chaussée est bordée de chaque côté par une piste cyclable, les utilisateurs de cette piste doivent emprunter celle ouverte à droite de la route, dans le sens de la circulation. […]

Les conducteurs de cycles peuvent circuler sur les accotements équipés d'un revêtement routier.

Le fait, pour tout conducteur, de contrevenir aux dispositions du présent article ou à celles prises pour son application est puni de l'amende prévue pour les contraventions de la deuxième classe.

> L'obligation d'emprunter la voie cyclable (de droite) est à distinguer de la possibilité voire la recommandation de l'utiliser qui est la plus fréquente. La signalisation est différente (voir plus bas).
>
> La présence des cyclomoteurs sur les voies cyclables est une exception qui doit être spécialement autorisée et donc signalée. Il a été jugé que le conducteur d'un cyclomoteur ne pouvait se prévaloir du droit de priorité résultant d'une piste cyclable lors d'un accident à une intersection entre la piste cyclable et une route.

Art. 33 (C. route, art. R. 412-30, al. 3 et 4)

Lorsqu'une piste cyclable ou une trajectoire matérialisée pour les cycles, signalisée en application des dispositions de l'article R. 411-25 (du code de la route), traversant la chaussée est parallèle et contiguë à un passage réservé aux piétons dont le franchissement est réglé par des feux de signalisation lumineux, tout conducteur empruntant cette piste ou cette trajectoire matérialisée est tenu, à défaut de signalisation spécifique, de respecter les feux de signalisation réglant la traversée de la chaussée par les piétons.

Le fait, pour tout conducteur, de contrevenir aux dispositions du présent article est puni de l'amende prévue pour les contraventions de la quatrième classe.

Art. 34 (C. route, art. R. 412-36, al. 3)

[…] Les personnes poussant à la main un cycle […] doivent circuler près du bord droit de la chaussée dans le sens de leur marche.

> Il s'agit d'une disposition spécifique en ce qu'elle distingue la personne tenant son vélo à la main du piéton qui est tenu, hors agglomération et sauf situation particulière ou danger, de circuler près du bord gauche de la chaussée pour voir les véhicules arrivant en face de lui alors que le cycliste à pied, lui, conserve le danger dans son dos…

Sous-section 2 **La circulation « de front »**

Art. 35 (C. route, art. R. 431-6)

Les conducteurs de [...] cycles à plus de deux roues, de cycles attelés d'une remorque ou d'un side-car ne doivent jamais rouler de front sur la chaussée.

Le fait, pour tout conducteur, de contrevenir aux dispositions du présent article est puni de l'amende prévue pour les contraventions de la deuxième classe.

Art. 36 (C. route, art. R. 431-7)

Les conducteurs de cycles à deux roues sans remorque ni side-car ne doivent jamais rouler à plus de deux de front sur la chaussée.

Ils doivent se mettre en file simple dès la chute du jour et dans tous les cas où les conditions de la circulation l'exigent, notamment lorsqu'un véhicule voulant les dépasser annonce son approche.

Le fait, pour tout conducteur, de contrevenir aux dispositions du présent article est puni de l'amende prévue pour les contraventions de la deuxième classe.

> Rouler à deux de front à vélo est donc autorisé de jour mais il faut se rabattre quand un véhicule paraît vouloir doubler. La Cour de cassation a affirmé que l'obligation de rouler en file simple devait être entendue largement et s'imposait notamment « lorsque le profil de la route rend la circulation plus dangereuse ».

Sous-section 3 ***L'interdiction des trottoirs***

Art. 37 (C. route, art. R. 412-7)

I. – Les véhicules doivent, sauf en cas de nécessité absolue, circuler sur la chaussée.

Toutefois, ils peuvent franchir un trottoir, à partir de l'accès le plus proche, pour rejoindre ou quitter les accès carrossables des immeubles riverains ou des accès non ouverts à la circulation publique.

Ils peuvent également le franchir pour rejoindre une autre chaussée s'il existe un aménagement à cet effet. […]

III. – […] le fait, pour tout conducteur, de contrevenir aux dispositions du présent article est puni de l'amende prévue pour les contraventions de la quatrième classe.

Le cycliste est un conducteur et le principe, qui mérite d'être rappelé, est celui de l'interdiction de circuler sur les trottoirs. Il n'y a d'exceptions qu'en dehors des agglomérations et, en agglomération, pour les enfants de moins de huit ans et les cyclistes tenant leur vélo en main qui deviennent des piétons (voir plus bas dans le chapitre consacré à la protection du cycliste et en particulier la facilitation de sa circulation).

Section 2 **Les règles générales de priorité**

Art. 38 (C. route, art. R. 415-13)

Aux intersections, lorsqu'une chaussée à plusieurs voies comporte une ou plusieurs voies ou bandes réservées à la circulation de certaines catégories de véhicules, les règles de priorité [...] s'imposent à tous les conducteurs circulant sur cette chaussée ou l'abordant.

Les règles de priorité sont très nombreuses et s'imposent par principe au cycliste mais des dérogations qui lui sont favorables existent, elles sont précisées plus bas dans la partie consacrée à ses droits.

Art. 39 (C. route, art. R. 415-14)

Pour l'application de toutes les règles de priorité, une piste cyclable est considérée comme une voie de la chaussée principale qu'elle longe, sauf dispositions différentes prises par l'autorité investie du pouvoir de police.

> Le seul fait de circuler sur une piste cyclable ne donne pas de priorité sur les véhicules circulant dans la voie qu'elle longe. En revanche y circuler plus rapidement que les véhicules sur l'autre voie, ce qui est souvent le cas, n'est pas un dépassement par la droite.

Art. 40 (C. route, art. R. 415-11)

Tout conducteur est tenu de céder le passage, au besoin en s'arrêtant, au piéton s'engageant régulièrement dans la traversée d'une chaussée ou manifestant clairement l'intention de le faire ou circulant dans une aire piétonne ou une zone de rencontre.

Le fait, pour tout conducteur, de ne pas respecter les règles de priorité fixées au présent article est puni de l'amende prévue pour les contraventions de la quatrième classe.

Tout conducteur coupable de cette infraction encourt également la peine complémentaire de suspension, pour une durée de trois ans au plus, du permis de conduire, cette suspension pouvant être limitée à la conduite en dehors de l'activité professionnelle.

> Cette disposition, qui n'est pas spécifique, a créé une règle de priorité absolue en faveur du piéton qui s'impose évidemment au conducteur de cycle. Elle a même une portée particulière pour lui puisqu'il a un droit de circuler dans les aires piétonnes et les zones de rencontre.

Section 3 **Le remorquage**

Art. 41 (C. route, art. R. 431-8)

Il est interdit aux conducteurs de cycles de se faire remorquer par un véhicule.

Le fait, pour tout conducteur de cycle, de contrevenir aux dispositions du présent article est puni de l'amende prévue pour les contraventions de la deuxième classe.

Chapitre 2
La signalisation routière spécifique

Art. 42 (C. route, art. R. 411-26)

Sauf dispositions différentes prévues au (code de la route), le fait, pour tout conducteur, de ne pas respecter les indications résultant de la signalisation routière est puni de l'amende prévue pour les contraventions de la deuxième classe.

> Cette disposition générale du code de la route méritait d'être rappelée puisqu'elle signifie que même sans texte spécifique le non-respect d'une signalisation est une contravention.

Art. 43 (C. route, art. R. 411-28)

Les indications données par les agents réglant la circulation prévalent sur toutes signalisations, feux de signalisation ou règles de circulation.

Le fait, pour tout conducteur, de ne pas respecter ces indications est puni de l'amende prévue pour les contraventions de la quatrième classe.

Un arrêté du 9 octobre 2020 portant expérimentation de l'implantation d'un dispositif de signalisation lumineuse dynamique au sol pour renforcer la perception de la signalisation routière permet de recourir à des dispositifs de dalles comportant des leds, qui sont positionnées dans la chaussée, en lieu et place d'un marquage au sol existant notamment pour la signalisation des sas vélos et des voies cyclables.

Les panneaux et feux destinés aux cyclistes

arrêté du 24 novembre 1967 modifié relatif à la signalisation des routes et des autoroutes (ministres de l'équipement et de l'intérieur)

Aménagement cyclable obligatoire pour le cycliste (fond bleu)

début :

fin (bande rouge) :

Aménagement cyclable
recommandé au cycliste (fond bleu)

début :

fin (bande rouge) :

Voie à double sens
dont un sens est réservé aux vélos
dit « double sens cycliste » (fond bleu) :

Sens interdit sauf aux vélos :

Voie interdite aux vélos (bordure rouge) :

Tourne-à-droite et tout-droit autorisés au feu rouge (bord rouge) :

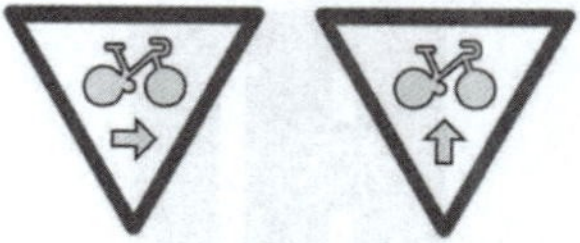

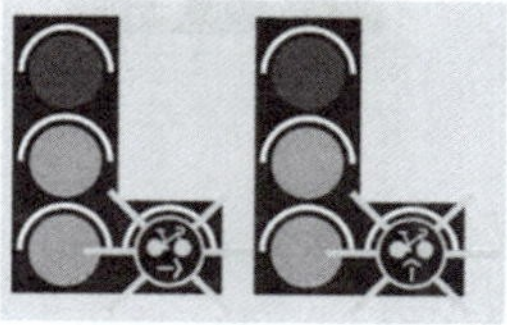

Voie de bus ouverte aux vélos
(fond bleu) :

Panonceau vélo :

situé sous un panneau ce panonceau en rend ses indications applicables aux cyclistes.

Parc de stationnement réservé aux vélos :

Zone de rencontre (fond bleu) :

(la fin de la zone est matérialisée
par le même panneau barré d'une bande rouge)

Zone 30 (bord rouge) :

Aire piétonne (fond bleu) :

(la fin de l'aire est matérialisée
par le même panneau barré d'une bande rouge)

Voie verte
(fond bleu et bande verte) :

Signalisation directionnelle pour vélos
(contours verts) :

Attention cyclistes (bordure rouge) :

Vélorue
(fond bleu,
véhicule automobile rouge
et cycliste blanc) :

Titre IV

Le code pénal du cycliste

Ce titre est composé de dispositions du code pénal et du code de procédure pénale. Certaines sont générales parce que le code de la route, dont résultent les interdictions applicables à tous les usagers de la route, prévoit que certaines infractions sont des délits (comme la conduite en état alcoolique ou sous l'emprise de stupéfiants) c'est-à-dire qu'elles sont punies de peines d'emprisonnement, mais l'accent est mis sur d'autres qui sont plus spécifiquement applicables aux contraventions, punie d'une peine d'amende, qui constituent les qualifications spécialement prévues pour les cyclistes.

Chapitre 1
Le droit pénal

Section 1 **Dispositions générales**

Art. 44 (C. pén., art. 113-2)

La loi pénale française est applicable aux infractions commises sur le territoire de la République.

Art. 45 (C. pén., art. 121-1)

Nul n'est responsable pénalement que de son propre fait.

Art. 46 (C. pén., art. 121-3)

Il n'y a point de crime ou de délit sans intention de le commettre. […]

Il n'y a point de contravention en cas de force majeure.

> Les contraventions sont des infractions matérielles qui sont constituées dès que la preuve de l'élément matériel est apportée sans qu'il soit besoin d'en prouver l'élément intentionnel, c'est-à-dire l'intention de les commettre.

Art. 47 (C. pén., art. 121-4)

Est auteur de l'infraction la personne qui :

1° Commet les faits incriminés;

2° Tente de commettre un crime ou, dans les cas prévus par la loi, un délit.

> La loi ne réprime pas la tentative de contravention. La tentative de délit n'est punissable que si c'est expressément prévu par le texte d'incrimination qui définit le délit (v. par ex. *supra*, art. 26).

Art. 48 (C. pén., art. 121-6)

Sera puni comme auteur le complice de l'infraction, au sens de l'article 121-7 (du code pénal).

Art. 49 (C. pén., art. 121-7, al. 2)

Est […] complice la personne qui par don, promesse, menace, ordre, abus d'autorité ou de pouvoir aura provoqué à une infraction ou donné des instructions pour la commettre.

> La complicité d'une contravention n'existe que par voie d'instigation et non, comme pour les crimes et délits, par aide ou assistance.

Art. 50 (C. pén., art. 122-8)

Les mineurs capables de discernement sont pénalement responsables des (crimes, délits ou) contraventions dont ils ont été reconnus coupables, dans des conditions fixées par une loi particulière qui détermine les mesures de protection, d'assistance, de surveillance et d'éducation dont ils peuvent faire l'objet.

Cette loi détermine également les sanctions éducatives qui peuvent être prononcées à l'encontre des mineurs de dix à dix-huit ans ainsi que les peines auxquelles peuvent être condamnés les mineurs de treize à dix-huit ans, en tenant compte de l'atténuation de responsabilité dont ils bénéficient en raison de leur âge.

> Il n'y a pas d'âge de responsabilité pénale en droit pénal puisque celle-ci repose sur la notion de discernement. Avant dix ans toutefois, le mineur ne peut être condamné par la juridiction des mineurs qu'à des mesures éducatives. Le mineur de dix ans peut faire l'objet de sanctions éducatives et, à partir de treize ans, des peines peuvent être prononcées dans certaines conditions.

Section 2 **Les peines contraventionnelles**

Art. 51 (C. pén., art. 131-12)

Les peines contraventionnelles encourues par les personnes physiques sont :

1° L'amende;

2° Les peines privatives ou restrictives de droits prévues à l'article 131-14 (du code pénal);

3° La peine de sanction-réparation prévue par l'article 131-15-1 (du code pénal).

Ces peines ne sont pas exclusives d'une ou de plusieurs des peines complémentaires prévues aux articles 131-16 et 131-17 (du code pénal).

Art. 52 (C. pén., art. 131-13)

Constituent des contraventions les infractions que la loi punit d'une amende n'excédant pas 3000 euros.

Le montant de l'amende est le suivant :

1° 38 euros au plus pour les contraventions de la première classe;

2° 150 euros au plus pour les contraventions de la deuxième classe;

3° 450 euros au plus pour les contraventions de la troisième classe;

4° 750 euros au plus pour les contraventions de la quatrième classe ;

5° 1 500 euros au plus pour les contraventions de la cinquième classe, montant qui peut être porté à 3 000 euros en cas de récidive lorsque le règlement le prévoit, hors les cas où la loi prévoit que la récidive de la contravention constitue un délit.

> Les contraventions de cinquième classe sont rares dans le code de la route mais certaines, prévues par le code pénal, comme les blessures involontaires n'ayant entraîné aucune incapacité totale de travail par manquement délibéré à une obligation de prudence ou de sécurité, peuvent être appliquées aux usagers de la route qui ne conduisent pas un véhicule motorisé. Les contraventions de la quatrième classe sont plus nombreuses et bien que n'étant pas spécifiquement applicables aux cyclistes, à l'exception de la responsabilité du port du casque par un mineur de douze ans, elles les visent là aussi en tant qu'usagers de la route : non-respect de l'arrêt absolu imposé par un feu rouge fixe ou un stop, non-respect de la priorité à droite, conduite avec un téléphone tenu en main ou avec un dispositif sonore porté à l'oreille…

Art. 53 (C. pén., art. 131-14)

Pour toutes les contraventions de la cinquième classe, une ou plusieurs des peines privatives ou restrictives de droits suivantes peuvent être prononcées :

1° La suspension, pour une durée d'un an au plus, du permis de conduire, cette suspension pouvant être limitée à la conduite en dehors de l'activité professionnelle ; cette limitation n'est toutefois pas possible en cas de contravention pour laquelle la suspension du permis de conduire, encourue à titre de peine complémentaire, ne peut pas être limitée à la conduite en dehors de l'activité professionnelle ;

2° L'immobilisation, pour une durée de six mois au plus, d'un ou de plusieurs véhicules appartenant au condamné ;

3° La confiscation d'une ou de plusieurs armes dont le condamné est propriétaire ou dont il a la libre disposition ;

4° Le retrait du permis de chasser, avec interdiction de solliciter la délivrance d'un nouveau permis pendant un an au plus ;

5° L'interdiction, pour une durée d'un an au plus, d'émettre des chèques autres que ceux qui permettent le retrait de fonds par le tireur auprès du tiré ou ceux qui sont certifiés et d'utiliser des cartes de paiement;

6° La confiscation de la chose qui a servi ou était destinée à commettre l'infraction ou de la chose qui en est le produit. Toutefois, cette confiscation ne peut pas être prononcée en matière de délit de presse.

> Le cycliste titulaire du permis de conduire peut voir son permis suspendu par une décision judiciaire pour les délits ou contraventions dont il serait déclaré coupable mais la commission d'une infraction ne peut entraîner de retrait de points de son permis (qui ne résulte pas d'une décision judiciaire mais d'un processus administratif).

Art. 54 (C. pén., art. 131-15)

La peine d'amende ne peut être prononcée cumulativement avec une des peines privatives ou restrictives de droits énumérées à l'article 131-14 (du code pénal).

Les peines privatives ou restrictives de droits énumérées à cet article peuvent être prononcées cumulativement.

Art. 55 (C. pén., art. 131-15-1)

Pour toutes les contraventions de la cinquième classe, la juridiction peut prononcer à la place ou en même temps que la peine d'amende la peine de sanction-réparation selon les modalités prévues par l'article 131-8-1 (du code pénal).

Dans ce cas, la juridiction fixe le montant maximum de l'amende, qui ne peut excéder 1 500 euros, dont le juge de l'application des peines pourra ordonner la mise à exécution en tout ou partie dans les conditions prévues par l'article 712-6 du code de procédure pénale si le condamné ne respecte pas l'obligation de réparation.

> La sanction-réparation consiste dans l'obligation pour le condamné de procéder, dans le délai et selon les modalités fixées par le tribunal, à l'indemnisation du préjudice de la victime.

Art. 56 (C. pén., art. 131-16)

Le règlement qui réprime une contravention peut prévoir, lorsque le coupable est une personne physique, une ou plusieurs des peines complémentaires suivantes :

1° La suspension, pour une durée de trois ans au plus, du permis de conduire, cette suspension pouvant être limitée à la conduite en dehors de l'activité professionnelle sauf si le règlement exclut expressément cette limitation ; […]

5° La confiscation de la chose qui a servi ou était destinée à commettre l'infraction ou de la chose qui en est le produit ;

6° L'interdiction de conduire certains véhicules terrestres à moteur, y compris ceux pour la conduite desquels le permis de conduire n'est pas exigé, pour une durée de trois ans au plus ;

7° L'obligation d'accomplir, à ses frais, un stage de sensibilisation à la sécurité routière ;

8° L'obligation d'accomplir, le cas échéant à ses frais, un stage de citoyenneté ; […]

> Encourue de façon générale pour les contraventions de cinquième classe comme précisé plus haut, la suspension de permis de conduire ne peut être prononcée pour les autres classes de contravention que lorsqu'elle est expressément prévue par le texte qui réprime la contravention.

Art. 57 (C. pén., art. 131-17, al. 2)

Le règlement qui réprime une contravention de la cinquième classe peut également prévoir, à titre de peine complémentaire, la peine de travail d'intérêt général pour une durée de vingt à cent vingt heures.

Art. 58 (C. pén., art. 131-18)

Lorsqu'une contravention est punie d'une ou de plusieurs des peines complémentaires mentionnées aux articles 131-16 et 131-17 (du code pénal), la juridiction peut ne prononcer que la peine complémentaire ou l'une ou plusieurs des peines complémentaires encourues.

Chapitre 2
La procédure pénale (les poursuites)

Section 1 **Les poursuites judiciaires devant le tribunal de police**

Art. 59 (C. pr. pén., art. 521)

Le tribunal de police connaît des contraventions.

> Le tribunal de police est la dénomination de la formation du tribunal judiciaire compétente en matière pénale pour juger les contraventions (COJ, art. L. 211-1).

Art. 60 (C. pr. pén., art. 522)

Est compétent le tribunal de police du lieu de commission ou de constatation de la contravention ou celui de la résidence du prévenu. […]

Art. 61 (C. pr. pén., art. 523, al. 1er)

Le tribunal de police est constitué par un juge du tribunal judiciaire, un officier du ministère public ainsi qu'il est dit aux articles 45 et suivants (du code de procédure pénale), et un greffier.

Art. 62 (C. pr. pén., art. 45)

Le procureur de la République près le tribunal judiciaire occupe le siège du ministère public devant le tribunal de police pour les contraventions de la cinquième classe ne relevant pas de la procédure de l'amende forfaitaire. Il peut l'occuper également en toute matière devant le tribunal de police, s'il le juge à propos, au lieu et place du commissaire de police qui exerce habituellement ces fonctions sous le contrôle du procureur de la République. […]

Art. 63 (C. pr. pén., art. 531)

Le tribunal de police est saisi des infractions de sa compétence soit par le renvoi qui lui en est fait par la juridiction d'instruction, soit par la comparution volontaire des parties, soit par la citation délivrée directement au prévenu et à la personne civilement responsable de l'infraction.

Art. 64 (C. pr. pén., art. 537)

Les contraventions sont prouvées soit par procès-verbaux ou rapports, soit par témoins à défaut de rapports et procès-verbaux, ou à leur appui.

Sauf dans les cas où la loi en dispose autrement, les procès-verbaux ou rapports établis par les officiers et agents de police judiciaire et les agents de police judiciaire adjoints, ou les fonctionnaires ou agents chargés de certaines fonctions de police judiciaire auxquels la loi a attribué le pouvoir de constater les contraventions, font foi jusqu'à preuve contraire.

La preuve contraire ne peut être rapportée que par écrit ou par témoins.

> En matière de contraventions, dont il a été précisé qu'elles étaient des infractions matérielles, les procès-verbaux, par principe, ont une valeur probante supérieure à celle qui leur est reconnue en matière de délits et de crimes.

Art. 65 (C. pr. pén., art. 707-3)

Lorsque le tribunal prononce une condamnation à une peine d'amende en matière [...] de police, le président avise le condamné que, s'il s'acquitte du montant de cette amende dans un délai d'un mois à compter de la date à laquelle le jugement a été prononcé, ce montant est diminué de 20 % sans que cette diminution puisse excéder 1 500 euros. [...]

Section 2 **La procédure simplifiée dite d'ordonnance pénale**

> Il s'agit d'une procédure écrite qui conduit à une condamnation sans débat contradictoire devant le tribunal mais que la personne condamnée peut contester par la voie d'une opposition qui donnera alors lieu à une audience.

Art. 66 (C. pr. pén., art. 524)

Toute contravention de police même commise en état de récidive, peut être soumise à la procédure simplifiée […].

Cette procédure n'est pas applicable […] si le prévenu, auteur d'une contravention de la cinquième classe, était âgé de moins de dix-huit ans au jour de l'infraction.

Cette procédure ne peut plus être poursuivie lorsque la victime du dommage causé par la contravention a fait citer directement le prévenu avant qu'ait été rendue l'ordonnance prévue à l'article 525 (du code de procédure pénale).

Art. 67 (C. pr. pén., art. 525)

Le ministère public qui choisit la procédure simplifiée communique au juge compétent du tribunal de police le dossier de la poursuite et ses réquisitions.

Le juge statue sans débat préalable par une ordonnance pénale portant soit relaxe, soit condamnation à une amende ainsi que, le cas échéant, à une ou plusieurs des peines complémentaires encourues.

S'il estime qu'un débat contradictoire est utile, le juge renvoie le dossier au ministère public aux fins de poursuite dans les formes de la procédure ordinaire.

Art. 68 (C. pr. pén., art. 526)

L'ordonnance contient les nom, prénoms, date et lieu de naissance et domicile du prévenu, la qualification légale, la date et le lieu du fait imputé, la mention des textes applicables et, en cas de condamnation, le montant de l'amende ainsi que la durée de la contrainte judiciaire.

Le juge n'est pas tenu de motiver l'ordonnance pénale.

Art. 69 (C. pr. pén., art. 527, al. 3 et s.)

Le prévenu peut, dans un délai de trente jours à compter de la date d'envoi de la lettre ou de la date à laquelle le procureur de la République a porté l'ordonnance à sa connaissance, former opposition à l'exécution de celle-ci.

À défaut de paiement ou d'opposition dans le délai ci-dessus, l'amende et le droit fixe de procédure sont exigibles.

Toutefois, s'il ne résulte pas de l'avis de réception que le prévenu a reçu la lettre de notification, l'opposition reste recevable jusqu'à l'expiration d'un délai de trente jours qui courent de la date à laquelle l'intéressé a eu connaissance, d'une part, de la condamnation, soit par un acte d'exécution, soit par tout autre moyen, d'autre part, du délai et des formes de l'opposition qui lui est ouverte.

Le comptable public compétent arrête le recouvrement dès réception de l'avis d'opposition à l'ordonnance pénale établi par le greffe.

Art. 70 (C. pr. pén., art. 528)

En cas d'opposition formée par le ministère public ou par le prévenu, l'affaire est portée à l'audience du tribunal de police dans les formes de la procédure ordinaire. Le jugement rendu par défaut, sur l'opposition du prévenu, est susceptible d'opposition dans les conditions prévues aux articles 489 à 494-1 (du code de procédure pénale).

Jusqu'à l'ouverture des débats, le prévenu peut renoncer expressément à son opposition. L'ordonnance pénale reprend alors sa force exécutoire et une nouvelle opposition est irrecevable.

Art. 71 (C. pr. pén., art. 528-1)

L'ordonnance pénale à laquelle il n'a pas été formé opposition a les effets d'un jugement passé en force de chose jugée.

Cependant, elle n'a pas l'autorité de la chose jugée à l'égard de l'action civile en réparation des dommages causés par l'infraction.

Section 3 **La procédure de l'amende forfaitaire**

Art. 72 (C. pr. pén., art. 529)

Pour les contraventions dont la liste est fixée par décret en Conseil d'État l'action publique est éteinte par le paiement d'une amende forfaitaire qui est exclusive de l'application des règles de la récidive.

Toutefois, la procédure de l'amende forfaitaire n'est pas applicable si plusieurs infractions, dont l'une au moins ne peut donner lieu à une amende forfaitaire, ont été constatées simultanément ou lorsque la loi prévoit que la récidive de la contravention constitue un délit.

Art. 73 (C. pr. pén., art. R. 48-1, 1°)

Les contraventions des quatre premières classes pour lesquelles l'action publique est éteinte par le paiement d'une amende forfaitaire sont les contraventions réprimées par le code de la route qu'elles entraînent ou non un retrait des points affectés au permis de conduire […].

Art. 74 (C. pr. pén., art. R. 49)

Le montant de l'amende forfaitaire prévue par l'article 529 (du code de procédure pénale) est fixé ainsi qu'il suit :

1° 4 euros pour les contraventions aux dispositions du code de la route commises par les piétons ;

2° 11 euros pour les autres contraventions de la première classe ;

3° 35 euros pour les contraventions de la deuxième classe ;

4° 68 euros pour les contraventions de la troisième classe ;

5° 135 euros pour les contraventions de la quatrième classe.

Art. 75 (C. pr. pén., art. 529-1)

Le montant de l'amende forfaitaire peut être acquitté soit entre les mains de l'agent verbalisateur au moment de la constatation de l'infraction, soit auprès du service indiqué dans l'avis de contravention dans les quarante-cinq jours qui suivent la constatation de l'infraction ou, si cet avis est ultérieurement envoyé à l'intéressé, dans les quarante-cinq jours qui suivent cet envoi.

Art. 76 (C. pr. pén., art. 529-2)

Dans le délai prévu par l'article précédent, le contrevenant doit s'acquitter du montant de l'amende forfaitaire, à moins qu'il ne formule dans le même délai une requête tendant à son exonération auprès du service indiqué dans l'avis de contravention. […]

À défaut de paiement ou d'une requête présentée dans le délai de quarante-cinq jours, l'amende forfaitaire est majorée de plein droit et recouvrée au profit du Trésor public en vertu d'un titre rendu exécutoire par le ministère public.

Art. 77 (C. pr. pén., art. R. 49-7)

Le montant de l'amende forfaitaire majorée est fixé ainsi qu'il suit :

1° 7 euros pour les contraventions aux dispositions du code de la route commises par les piétons;

2° 33 euros pour les autres contraventions de la première classe;

3° 75 euros pour les contraventions de la deuxième classe;

4° 180 euros pour les contraventions de la troisième classe;

5° 375 euros pour les contraventions de la quatrième classe.

Section 4 **La procédure de l'amende forfaitaire minorée**

Art. 78 (C. pr. pén., art. 529-7)

Pour les contraventions au code de la route des deuxième, troisième, quatrième et cinquième classes dont la liste est fixée par décret en Conseil d'État, à l'exception de celles relatives au stationnement, l'amende forfaitaire est minorée si le contrevenant en règle le montant dans les conditions prévues par l'article 529-8 (du code de procédure pénale).

Art. 79 (C. pr. pén., art. R. 49-8-5)

Les dispositions de l'article 529-7 du (code de procédure pénale) relatives à l'amende forfaitaire minorée sont applicables aux contraventions des deuxième, troisième et quatrième classes mentionnées à l'article R. 48-1 (1°) à l'exception des contraventions réprimées par les articles R. 417-1 à R. 417-13 et R. 421-7 du code de la route relatives à l'arrêt et au stationnement dangereux, gênant ou abusif.

> La procédure de l'amende forfaitaire minorée est un sous-ensemble de celle de l'amende forfaitaire présentée au chapitre précédent qui ne concerne que certaines infractions du code de la route, et notamment pas les contraventions de la première classe, qui peuvent ainsi donner lieu au paiement d'une amende moins élevée à condition que le paiement soit effectué dans un délai plus court puisqu'il est de quinze jours. Le non-paiement de l'amende minorée dans ce délai n'entraîne pas l'obligation de payer l'amende majorée mais l'amende forfaitaire non minorée. Ensuite seulement, le défaut de paiement peut entraîner la majoration.

Art. 80 (C. pr. pén., art. R. 49-9)

Le montant de l'amende forfaitaire minorée prévue par l'article 529-7 (du code de procédure pénale) est fixé ainsi qu'il suit :

1° 22 euros pour les contraventions de la deuxième classe ;

2° 45 euros pour les contraventions de la troisième classe ;

3° 90 euros pour les contraventions de la quatrième classe.

Art. 81 (C. pr. pén., art. 529-8)

Le montant de l'amende forfaitaire minorée peut être acquitté soit entre les mains de l'agent verbalisateur au moment de la constatation de l'infraction, soit dans un délai de quinze jours à compter de la constatation de l'infraction ou, si l'avis de contravention est ultérieurement envoyé à l'intéressé, dans le délai de quinze jours à compter de cet envoi.

En cas de non-paiement de l'amende forfaitaire minorée dans les conditions prévues ci-dessus, le contrevenant est redevable de l'amende forfaitaire.

Art. 82 (C. pr. pén., art. 529-9)

L'amende forfaitaire doit être versée dans le délai de quarante-cinq jours à compter de la constatation de l'infraction ou l'envoi de l'avis de contravention.

Les dispositions de l'article 529-2 (du code de procédure pénale) relatives à la requête aux fins d'exonération et à la majoration de plein droit sont applicables.

Livre II
Les droits du cycliste

Art. 83 (C. route, art. L. 328-1) (LOM)

Toute publicité en faveur de véhicules terrestres à moteur est obligatoirement accompagnée d'un message promotionnel encourageant l'usage des mobilités actives, telles que définies à l'article L. 1271-1 du code des transports, ou partagées, ou des transports en commun.

Titre I
Le droit au respect

Chapitre 1
La protection du cycliste

Section 1 **La protection générale**

Sous-section 1 ***Le principe de prudence***

Art. 84 (C. route, art. R. 413-17)

I. – Les vitesses maximales autorisées par les dispositions du présent code, ainsi que celles plus réduites éventuellement prescrites par les autorités investies du pouvoir de police de la circulation, ne s'entendent que dans des conditions optimales de circulation : bonnes conditions atmosphériques, trafic fluide, véhicule en bon état.

II. – Elles ne dispensent en aucun cas le conducteur de rester constamment maître de sa vitesse et de régler cette dernière en fonction de l'état de la chaussée, des difficultés de la circulation et des obstacles prévisibles.

III. – Sa vitesse doit être réduite :

1° Lors du croisement ou du dépassement de piétons ou de cyclistes isolés ou en groupe ; […]

IV. – Le fait, pour tout conducteur, de ne pas rester maître de sa vitesse ou de ne pas la réduire dans les cas prévus au présent article est puni de l'amende prévue pour les contraventions de la quatrième classe.

> Il s'agit d'une disposition essentielle du code la route qui impose à tous les conducteurs une obligation particulière d'attention et de prudence dont ne sont reproduites ici que les dispositions concernant les cyclistes, assimilés aux piétons d'ailleurs. Cette obligation crée une protection générale du cycliste auquel les autres usagers de la route doivent donc porter une attention particulière même s'il ne circule pas sur les voies cyclables.

Art. 85 (C. route, art. R. 412-6)

I. – Tout véhicule en mouvement ou tout ensemble de véhicules en mouvement doit avoir un conducteur. Celui-ci doit, à tout moment, adopter un comportement prudent et respectueux envers les autres usagers des voies ouvertes à la circulation. Il doit notamment faire preuve d'une prudence accrue à l'égard des usagers les plus vulnérables.

II. – Tout conducteur doit se tenir constamment en état et en position d'exécuter commodément et sans délai toutes les manœuvres qui lui incombent. Ses possibilités de mouvement et son champ de vision ne doivent pas être réduits par le nombre ou la position des passagers, par les objets transportés ou par l'apposition d'objets non transparents sur les vitres.

III. – Le fait, pour tout conducteur, de contrevenir aux dispositions du II ci-dessus est puni de l'amende prévue pour les contraventions de la deuxième classe.

> Autre obligation générale, dans le même esprit, celle d'être particulièrement prudent à l'égard des usagers de la route les plus vulnérables, c'est-à-dire, incontestablement, les cyclistes. Ce principe de prudence s'impose aussi évidemment aux cyclistes.

Sous-section 2 ***La protection spécifique lors du dépassement***

Art. 86 (C. route, art. R. 412-19)

Lorsque des lignes longitudinales continues axiales ou séparatives de voies de circulation sont apposées sur la chaussée, elles interdisent aux conducteurs leur franchissement ou leur chevauchement.

Toutefois, leur chevauchement est autorisé pour le dépassement […] d'un cycle dans les conditions prévues par l'article R. 414-4 (du code de la route).

Art. 87 (C. route, art. R. 414-4)

I. – Avant de dépasser, tout conducteur doit s'assurer qu'il peut le faire sans danger. [...]

IV. – Pour effectuer le dépassement, il doit se déporter suffisamment pour ne pas risquer de heurter l'usager qu'il veut dépasser. Il ne doit pas en tout cas s'en approcher latéralement à moins d'un mètre en agglomération et d'un mètre et demi hors agglomération s'il s'agit [...] d'un engin à deux ou à trois roues [...].

V. – Le fait, pour tout conducteur, de contrevenir aux dispositions des II à IV ci-dessus est puni de l'amende prévue pour les contraventions de la quatrième classe. [...]

> Pour permettre aux conducteurs de véhicules à moteur de conserver une distance latérale d'un mètre ou un mètre et demi avec le cycliste qu'il double, dont le non-respect est une contravention de quatrième classe, ces conducteurs sont autorisés par exception à chevaucher la ligne continue séparant les voies.

Sous-section 3 ***La prévention des risques liés aux angles morts***

Art. 88 (C. route, art. L. 313-1) (LOM)

Les véhicules de plus de 3,5 tonnes sont équipés d'une signalisation matérialisant la position des angles morts apposée sur le véhicule. Cette signalisation est apposée selon des modalités adaptées pour une visibilité la plus grande possible, en particulier pour les cyclistes, les piétons et les utilisateurs d'engins de déplacement personnels.

Le non-respect de cette obligation est puni d'une amende dont le montant est fixé par décret en Conseil d'État.

Les modalités de mise en œuvre de cette obligation sont définies par décret en Conseil d'État.

Art. 89 (C. route, art. R. 313-32-1)

À l'exception des véhicules agricoles et forestiers, d'une part, et des engins de service hivernal et des véhicules d'intervention des services gestionnaires des autoroutes ou routes à deux chaussées séparées tels que définis respectivement aux points 5,6.1 et 6.6 de l'article R. 311-1 (du code de la route), d'autre part, les véhicules dont le poids total autorisé en charge excède 3,5 tonnes doivent porter, visible sur les côtés ainsi qu'à l'arrière du véhicule, une signalisation matérialisant la position des angles morts.

Le modèle de la signalisation et ses modalités d'apposition sont fixés par arrêté conjoint du ministre chargé des transports et du ministre chargé de la sécurité routière.

Le fait, pour tout conducteur, de contrevenir à l'obligation de signalisation imposée par le présent article et aux dispositions prises pour son application est puni de l'amende prévue pour les contraventions de la quatrième classe.

> Les modalités d'apposition et le modèle de signalisation sont fixés par l'arrêté du 5 janvier 2021 des ministres de la transition écologiques et de l'intérieur.

Section 2 **La facilitation de la circulation du cycliste**

Sous-section 1 ***Aires piétonnes, trottoirs, contre-allées, accotements et chaussée***

Art. 90 (C. route, art. R. 431-9, al. 4 et 6)

Les conducteurs de cycles peuvent circuler sur les aires piétonnes dans les deux sens, sauf dispositions différentes prises par l'autorité investie du pouvoir de police, à la condition de conserver l'allure du pas et de ne pas occasionner de gêne aux piétons. […]

Le fait, pour tout conducteur, de contrevenir aux dispositions du présent article ou à celles prises pour son application est puni de l'amende prévue pour les contraventions de la deuxième classe.

> Corolaires légitimes de la priorité donnée aux piétons, l'excès de vitesse comme le fait de gêner les piétons peuvent être reprochés à un cycliste dans une aire piétonne.

Art. 91 (C. route, art. R. 412-34)

I *bis*. - Les enfants de moins de huit ans qui conduisent un cycle peuvent utiliser les trottoirs ou accotements, sauf dispositions contraires prises par l'autorité investie du pouvoir de police, à la condition de conserver l'allure du pas et de ne pas occasionner de gêne aux piétons.

II. – Sont assimilés aux piétons les personnes qui conduisent à la main un cycle […];

III. – La circulation de tous véhicules à deux roues conduits à la main est tolérée sur la chaussée. Dans ce cas, les conducteurs sont tenus d'observer les règles imposées aux piétons.

> En agglomération, seuls les jeunes enfants peuvent faire du vélo sur les trottoirs à condition de rouler au pas. Les personnes de plus de huit ans n'en ont pas le droit et doivent s'y comporter comme des piétons en tenant leur vélo à la main, ce qu'elles ont aussi le droit de faire sur la chaussée en se tenant près de son bord droit.

Art. 92 (C. route, art. R. 431-10)

Hors agglomération, le long des routes pavées ou des routes en état de réfection, la circulation des cycles [...] à deux roues sans remorque ni side-car, est autorisée sur les trottoirs et contre-allées affectées aux piétons.

Dans ce cas, les conducteurs sont tenus de circuler à l'allure du pas à la rencontre des piétons et de réduire leur vitesse au droit des habitations.

Le fait, pour tout conducteur d'un cycle, de contrevenir aux dispositions de l'alinéa précédent, est puni de l'amende prévue pour les contraventions de la deuxième classe.

Art. 93 (C. route, art. R. 431-9, al. 5)

Les conducteurs de cycles peuvent circuler sur les accotements équipés d'un revêtement routier.

Sous-section 2 **Le « double sens cyclable »**

Art. 94 (C. route, art. R. 110-2 - *extraits*)

– [*Dans les*] zones de rencontre : Toutes les chaussées sont à double sens pour les cyclistes, sauf dispositions différentes prises par l'autorité investie du pouvoir de police.

– [*Dans les*] zone 30 : Toutes les chaussées sont à double sens pour les cyclistes, sauf dispositions différentes prises par l'autorité investie du pouvoir de police.

> Les pouvoirs de police de la circulation du maire lui permettent d'instaurer des « double-sens » ou « contre-sens » cyclables dans d'autres voies que celles de ces zones spécifiques (C. route, art. L. 411-1 et CGCT, art. L. 2213-1 à L.2213-6).

Sous-section 3 **Bord droit de la chaussée et véhicules en stationnement**

Art. 95 (C. route, art. R. 412-9)

En marche normale, tout conducteur doit maintenir son véhicule près du bord droit de la chaussée, autant que le lui permet l'état ou le profil de celle-ci. […]

Un conducteur […] de cycle peut s'éloigner du bord droit de la chaussée lorsqu'une trajectoire matérialisée pour les cycles, signalisée en application des dispositions de l'article R.411-25 (du code de la route), le permet.

Sur les voies où la vitesse maximale autorisée n'excède pas 50 km/h, un conducteur […] de cycle peut s'écarter des véhicules en stationnement sur le bord droit de la chaussée, d'une distance nécessaire à sa sécurité.

Sous-section 4 ***Intersections et « sas vélos »***

Art. 96 (C. route, art. R. 415-15)

L'autorité investie du pouvoir de police peut décider de :

1° Mettre en place sur les voies équipées de feux de signalisation une signalisation distincte destinée à une ou plusieurs catégories de véhicules ou indiquant une ou plusieurs directions ou remplissant ces deux fonctions de manière concomitante ;

2° Mettre en place sur les voies équipées de feux de signalisation communs à toutes les catégories d'usagers deux lignes d'arrêt distinctes, l'une pour […] les cycles, l'autre pour les autres catégories de véhicules. La ligne d'arrêt pour [...] les cycles peut être autorisée pour les cyclomoteurs.

> Bien connue mais « nichée » dans la partie réglementaire du code de la route, cette prérogative essentielle est à la disposition des autorités locales compétentes pour faciliter la circulation à vélo et protéger les cyclistes : l'aménagement spécifique des carrefours équipés de feux. Le premier paragraphe permet d'autoriser les cyclistes (et les conducteurs d'engins de déplacement personnel motorisés) à franchir le feu rouge pour emprunter certaines directions permises par la signalisation. Cette disposition a généralisé ce qui était auparavant limité au « tourne à droite » ou au « tout droit » qui fluidifient la circulation des vélos souvent victimes d'un cadencement des feux calculé pour les voitures et demeurent donc réservées aux situations expressément signalées par des panneaux ou, malheureusement plus rarement, des « feux vélos ». Dans tous les cas, le cycliste reste tenu de respecter la priorité générale donnée aux piétons (art. R. 415-11 du code de la route). Le second paragraphe permet d'instaurer des « sas vélo », dispositif aussi sécurisant que peu respecté. La possibilité donnée à l'autorité compétente d'y autoriser les cyclomoteurs est une aberration : ils n'ont rien à y faire sauf à faire perdre au sas une grande partie de sa raison d'être.

Art. 97 (C. route, art. R. 415-2)

[…] Le conducteur d'un véhicule autre qu'un (engin de déplacement personnel motorisé ou) un cycle ne doit pas s'engager dans l'espace compris entre les deux lignes d'arrêt définies à l'article R. 415-15 (du code de la route) lorsque son véhicule risque d'y être immobilisé.

L'autorité investie du pouvoir de police de la circulation peut autoriser les conducteurs de cyclomoteurs à s'engager dans l'espace et dans les conditions prévues à l'alinéa précédent. […]

Le fait, pour tout conducteur d'un véhicule autre qu'un engin de déplacement personnel motorisé ou un cycle ou, en cas de bénéfice des dispositions du troisième alinéa, un cyclomoteur, de contrevenir aux dispositions du second alinéa est puni de l'amende prévue pour les contraventions de la deuxième classe.

Art. 98 (C. route, art. R. 412-30)

Tout conducteur doit marquer l'arrêt absolu devant un feu de signalisation rouge, fixe ou clignotant.

L'arrêt se fait :

1° Lorsqu'une ligne d'arrêt est matérialisée, en respectant la limite de cette ligne ; [...]

Le fait, pour tout conducteur, de contrevenir aux dispositions du présent article est puni de l'amende prévue pour les contraventions de la quatrième classe.

Toute personne coupable de cette infraction encourt également la peine complémentaire de suspension, pour une durée de trois ans au plus, du permis de conduire, cette suspension pouvant être limitée à la conduite en dehors de l'activité professionnelle.

Cette contravention donne lieu de plein droit à la réduction de quatre points du permis de conduire.

> Ces deux dispositions protègent le « sas vélos » qui doit rester dégagé même quand le feu est vert, sous peine d'une contravention de deuxième classe, et qui est assimilé à la ligne du feu imposant l'arrêt sous peine d'une contravention de quatrième classe. Ces contraventions sont expressément visées par l'article R. 130-11 (7° et 10°) du code de la route comme pouvant être constatées par des appareils automatiques. Il ne semble pas y avoir d'autre solution...

Sous-section 5 **Quelques voies particulières**

Art. 99 (C. route, art. R. 432-7, I, 2°)

Les dispositions relatives aux règles d'interdiction d'accès des autoroutes et des routes express à certains véhicules et usagers ne sont pas applicables [...], lorsqu'il circule [...] à bicyclette [...] au personnel des administrations publiques et des entreprises appelées à travailler sur l'autoroute ou la route express ainsi qu'à celui des autres administrations publiques dont la présence serait nécessaire sur l'autoroute ou la route express et à celui des concessionnaires ou permissionnaires autorisés à occuper le domaine public de l'autoroute ou de la route express.

Art. 100 (C. transp., art. R. 4241-69)

L'autorisation [écrite de l'autorité gestionnaire du domaine dont relèvent les digues et chemins de halage non ouverts à la circulation publique de circuler ou stationner avec un véhicule sur les digues et chemins de halage des canaux, des dérivations, des rigoles et des réservoirs, sur les chemins de halages et d'exploitation construits le long des cours d'eau domaniaux appartenant à l'État] visée à l'article R. 4241-68 (du code des transports) peut être délivrée, à la condition qu'elle ne soit pas susceptible d'être une cause de gêne pour la navigation et la sécurité du domaine public fluvial : [...]

6° Aux cyclistes.

L'autorisation est délivrée à titre individuel, temporaire et précaire. Elle peut être à tout moment suspendue, limitée ou retirée sans indemnité pour des motifs liés à l'exploitation ou à la préservation du domaine public fluvial ou encore à la sécurité de la navigation ou pour tout autre motif d'intérêt général.

L'autorisation comporte la durée de sa validité, le cas échéant, la désignation du véhicule, ainsi que la mention de la section du domaine public concerné. Le bénéficiaire doit être en permanence porteur de l'autorisation. Si le véhicule comporte un pare-brise, l'autorisation y est apposée en évidence de manière à être vue aisément par les agents habilités à constater les infractions.

La circulation se fait aux risques et périls du bénéficiaire. Si cette circulation est de nature à présenter un caractère onéreux pour l'autorité gestionnaire, l'autorisation est subordonnée au paiement d'une indemnité correspondant aux frais engagés.

L'autorisation prend fin de plein droit dès que le motif de sa délivrance a cessé d'être valable.

Art. 101 (C. transp., art. L. 4311-2) (LOM)

Dans le cadre de ses missions, Voies Navigables de France peut également : [...]

9° Promouvoir l'usage du vélo sur le réseau qui lui est confié et ouvrir, sauf impossibilité technique avérée, les chemins de halage aux cyclistes en passant des conventions avec les personnes publiques concernées.

Section 3 **La priorité du cycliste**

Art. 102 (C. route, art. R. 415-4)

I. – Tout conducteur s'apprêtant à quitter une route sur sa gauche doit serrer à gauche. [...]

III. – Il doit céder le passage aux véhicules venant en sens inverse sur la chaussée qu'il s'apprête à quitter ainsi qu'aux [...] cycles [...] circulant dans les deux sens sur les pistes cyclables qui traversent la chaussée sur laquelle il va s'engager.

IV. – Par exception à la règle fixée au I, tout conducteur [...] de cycle, s'apprêtant à quitter une route sur sa gauche, peut serrer le bord droit de la chaussée avant de s'engager sur sa gauche. […]

VI. – Le fait, pour tout conducteur, de ne pas respecter les règles de priorité fixées au III ci-dessus est puni de l'amende prévue pour les contraventions de la quatrième classe. […]

Article 103 (C. route, art. R. 415-3)

I. – Tout conducteur s'apprêtant à quitter une route sur sa droite doit serrer le bord droit de la chaussée. […]

III. – Il doit céder le passage aux […] cycles […] circulant dans les deux sens sur les pistes cyclables qui traversent la chaussée sur laquelle il va s'engager.

IV. – Le fait, pour tout conducteur, de contrevenir aux dispositions du présent article est puni de l'amende prévue pour les contraventions de la quatrième classe.

> Dans ce cas, la priorité donnée au cycliste n'est prévue que s'il circule sur une piste cyclable, ce qui est incontestablement très restrictif… et une raison de plus pour les généraliser.

Section 4 **La protection des voies cyclables**

Art. 104 (C. route, art. R. 412-7)

I. – Les véhicules doivent, sauf en cas de nécessité absolue, circuler sur la chaussée. […]

Dans l'exercice de leur mission, les véhicules d'entretien des voies du domaine public routier peuvent circuler et s'arrêter sur les bandes cyclables, les pistes cyclables et les voies vertes.

Les véhicules de collecte des ordures ménagères peuvent circuler et s'arrêter sur les bandes cyclables dans leur sens de circulation pour la réalisation des opérations de collecte de la section de rue concernée.

II. – Lorsque, sur la chaussée, une voie de circulation réservée à certaines catégories de véhicules est matérialisée, les conducteurs d'autres catégories de véhicules ne doivent pas circuler sur cette voie. Les conducteurs de véhicules motorisés ne doivent pas circuler sur une voie verte, ni dans une aire piétonne à l'exception des cas prévus par les règles de circulation mentionnées à l'article R. 411-3 (du code de la route).

II.- […] le fait, pour tout conducteur, de contrevenir aux dispositions du présent article est puni de l'amende prévue pour les contraventions de la quatrième classe.

Art. 105 (C. route, art. R. 130-11, 3°)

Font foi jusqu'à preuve du contraire les constatations, effectuées par ou à partir des appareils de contrôle automatique ayant fait l'objet d'une homologation, relatives aux infractions sur […] l'usage de voies et chaussées réservées à certaines catégories de véhicules prévu aux II et III de l'article R. 412-7 (du code de la route) ; […].

> Modifiées par la LOM, les dispositions des articles L.130-9 et suivants du code de la route ont élargi les possibilités de recourir à la vidéo-verbalisation mais la liste des infractions pouvant être constatées par ce biais n'a pas évolué depuis, le respect des voies cyclables (et des « sas vélo », voir plus haut) y figurait déjà.

Art. 106 (C. route, art. R. 417-11)

I. – Est considéré comme très gênant pour la circulation publique l'arrêt ou le stationnement :

8° D'un véhicule motorisé à l'exception (des engins de déplacement personnel motorisés et) des cycles à pédalage assisté :

b) Sur les voies vertes, les bandes et pistes cyclables ;

II. – Tout arrêt ou stationnement très gênant pour la circulation publique prévu par le présent article est puni de l'amende prévue pour les contraventions de la quatrième classe.

III. – Lorsque le conducteur ou le titulaire du certificat d'immatriculation est absent ou refuse, malgré l'injonction des agents, de faire cesser le stationnement très gênant pour la circulation publique, l'immobilisation et la mise en fourrière peuvent être prescrites dans les conditions prévues aux articles L. 325-1 à L. 325-3.

Section 5 **Le stationnement**

Art. 107 (C. route, art. R. 417-10)

I. – Tout véhicule à l'arrêt ou en stationnement doit être placé de manière à gêner le moins possible la circulation. […]

III. – Est également considéré comme gênant la circulation publique le stationnement d'un véhicule : […]

2° En double file, sauf en ce qui concerne les [...] cycles à deux roues [...];

6° Dans les aires piétonnes, à l'exception des [...] cycles sur les emplacements aménagés à cet effet; [...]

IV. – Tout arrêt ou stationnement gênant prévu par le présent article est puni de l'amende prévue pour les contraventions de la deuxième classe.

V. – Lorsque le conducteur ou le propriétaire du véhicule est absent ou refuse, malgré l'injonction des agents, de faire cesser le stationnement gênant, l'immobilisation et la mise en fourrière peuvent être prescrites dans les conditions prévues aux articles L. 325-1 à L. 325-3.

Art. 108 (C. route, art. R. 417-11)

I. – Est considéré comme très gênant pour la circulation publique l'arrêt ou le stationnement :

8° D'un véhicule motorisé à l'exception [...] des cycles à pédalage assisté :

a) Sur les trottoirs, à l'exception des motocyclettes, tricycles à moteur et cyclomoteurs;

b) Sur les voies vertes, les bandes et pistes cyclables;

c) Sur une distance de cinq mètres en amont des passages piétons dans le sens de la circulation, en dehors des emplacements matérialisés à cet effet ;

d) Au droit des bouches d'incendie.

Art. 109 (C. route, art. R. 416-15)

À l'arrêt ou en stationnement, [...] les cycles à deux roues peuvent ne pas être signalés s'ils ne sont pas attelés d'une remorque mais ils doivent être garés au bord de la chaussée.

Section 6 **Accidentologie**

Art. 110 (C. transp., art. R. 1214-3)

Pour effectuer le suivi des accidents prévu par le 3° de l'article L.1214-2 (du code des transports), il est mis en place *[dans le plan de mobilité]* un observatoire des accidents impliquant au moins un piéton, un cycliste [...].

Art. 111 (C. urb., art. R. 152-2)

Lorsque le plan local d'urbanisme tient lieu de plan de déplacements urbains, l'établissement public de coopération intercommunale compétent met en place le dispositif d'observation des accidents impliquant au moins un piéton ou un cycliste mentionné à l'article R. 1214-3 du code des transports pour effectuer le suivi des accidents prévu par le 3° de l'article L. 1214-2 du même code.

Art. 112 (C. assur., art. A. 121-1, et son annexe)

Les contrats d'assurance relevant des branches mentionnées au 3 et au 10 de l'article R. 321-1 du code des assurances et concernant des véhicules terrestres à moteur doivent comporter la clause de réduction ou de majoration des primes ou cotisations [prévoyant notamment que] la majoration [applicable en cas de sinistre survenu au cours de la période annuelle d'assurance] est, toutefois, réduite de moitié lorsque la responsabilité du conducteur n'est que partiellement engagée notamment lors d'un accident mettant en cause un piéton ou un cycliste.

Le droit de la réparation des dommages résultant d'un accident de la circulation est trop complexe et technique pour figurer dans ce code du cycliste. Je relève néanmoins ces dispositions du code des assurances qui peuvent laisser perplexe puisqu'elles semblent signifier que l'accident entre un véhicule terrestre à moteur et un cycliste, encore une fois assimilé à un piéton, a moins de conséquences sur le malus du conducteur. Il s'agit en réalité du pendant de la protection particulière que la loi d'indemnisation des accidents de la circulation accorde au piéton en cas d'accident de la circulation et d'un mécanisme général normal dont il résulte que le malus est diminué si le conducteur n'est pas entièrement responsable de l'accident. Il n'y a d'ailleurs pas de majoration si le conducteur n'est pas du tout responsable de l'accident.

La loi n'impose pas au cycliste l'assurance obligatoire qu'elle exige des conducteurs de véhicules motorisés. Des assurances particulières existent mais le cycliste est couvert selon les termes de son assurance de responsabilité civile au moins pour les dommages causés aux tiers.

Chapitre 2
L'enseignement du vélo

Section 1 La formation dispensée aux enfants par l'école

Art. 113 (C. éduc., art. L. 312-13-2) (LOM)

L'apprentissage de l'usage du déplacement à vélo en sécurité a pour objectif de permettre à chaque élève de maîtriser, à son entrée dans les établissements du second degré, la pratique autonome et sécurisée du vélo dans l'espace public.

Cet apprentissage est organisé dans un cadre scolaire, périscolaire ou extrascolaire.

Les programmes d'enseignement du premier degré visent à faire acquérir, à l'élève, la compétence d'adapter ses déplacements à des environnements variés et contribuent à cet apprentissage.

Les écoles veillent à ce que tous les élèves et leurs familles aient la connaissance des offres de formation proposées par les structures locales partenaires dans les temps périscolaire et extrascolaire.

Les écoles délivrent à chaque élève l'attestation scolaire de première éducation à la route, laquelle participe d'une validation d'une partie du socle commun de compétences du savoir rouler à vélo.

> Certainement une des avancées majeures de la LOM, ces dispositions seront précisées par décret avant de faire l'objet de directives du ministère de l'Éducation nationale. Le contenu du « socle commun de compétence du savoir rouler à vélo » n'est pas connu mais sera certainement proche du « savoir rouler à vélo » (SRAV), programme piloté par le ministère des Sports, en partenariat avec le ministère de l'Éducation nationale, le ministère de l'Intérieur et le ministère chargé des Transports depuis 2018, destiné à permettre aux enfants de six à onze ans de devenir plus autonomes à vélo, de pratiquer une activité physique régulière et de se déplacer de manière écologique et économique.

Section 2 **La formation à la réparation et à l'utilisation en tant que loisir**

Art. 114 (CGI, art. 1609 *sexvicies*)

I. – Il est institué, à compter du 1er janvier 2004, une taxe au profit de l'Association nationale pour la formation automobile. Elle concourt au financement de la formation professionnelle initiale, notamment de l'apprentissage, et de la formation professionnelle continue dans les métiers de la réparation de l'automobile, du cycle et du motocycle.

La taxe est due par les entreprises ayant une activité principale ou secondaire de réparation, d'entretien, de pose d'accessoires, de contrôle technique, d'échanges de pièces, et autres opérations assimilables, sur les véhicules automobiles, les cycles ou les motocycles, donnant lieu à facturation à des tiers.

Les entreprises qui bénéficient de la franchise prévue à l'article 293 B sont exonérées de la taxe.

Le produit de cette taxe contribue au développement de la formation professionnelle dans la branche considérée, particulièrement par le financement des investissements et du fonctionnement des centres de formation d'apprentis et des sections d'apprentissage, par la formation de personnels enseignants et de maîtres d'apprentissage ainsi que par l'acquisition de matériel technique et pédagogique. […]

> La suite de l'article détaille les modalités de calcul de la taxe dont le taux est fixé à 0,75 %.

Art. 115 (C. sport, art. L. 212-1)

I. – Seuls peuvent, contre rémunération, enseigner, animer ou encadrer une activité physique ou sportive ou entraîner ses pratiquants, à titre d'occupation principale ou secondaire, de façon habituelle, saisonnière ou occasionnelle, sous réserve des dispositions du quatrième alinéa du présent article et de l'article L. 212-2 du (code du sport), les titulaires d'un diplôme, titre à finalité professionnelle ou certificat de qualification professionnelle :

1° Garantissant la compétence de son titulaire en matière de sécurité des pratiquants et des tiers dans l'activité considérée ;

2° Et enregistré au répertoire national des certifications professionnelles dans les conditions prévues à l'article L. 6113-5 du code du travail.

Peuvent également exercer contre rémunération les fonctions mentionnées au premier alinéa ci-dessus les personnes en cours de formation pour la préparation à un diplôme, titre à finalité professionnelle ou certificat de qualification professionnelle conforme aux prescriptions des 1° et 2° ci-dessus, dans les conditions prévues par le règlement de ce diplôme, titre ou certificat.

II. – Le diplôme mentionné au I peut être un diplôme étranger admis en équivalence.

III. – Les dispositions du I s'appliquent à compter de l'inscription des diplômes, titres à finalité professionnelle ou certificats de qualification professionnelle sur la liste des diplômes, titres à finalité professionnelle ou certificats de qualification professionnelle répondant aux conditions prévues aux paragraphes I et II, au fur et à mesure de cette inscription.

IV. – Les personnes qui auront acquis, dans la période précédant l'inscription mentionnée au III et conformément aux dispositions législatives en vigueur, le droit d'exercer contre rémunération une des fonctions mentionnées au I conservent ce droit. […]

Art. 116 (C. sport, art. A. 212-1)

Les diplômes, titres à finalité professionnelle et certificats de qualification ouvrant droit à l'enseignement, à l'animation ou à l'encadrement d'une activité physique ou sportive considérée ou dans un ensemble d'activités de même nature relatives à un public spécifique, ou à l'entraînement de ses pratiquants contre rémunération, conformément à l'article L. 212-1 (du code du sport), figurent au tableau présenté en annexe II-1 [dont un extrait est reproduit ci-dessous] :

Brevet d'aptitude professionnelle d'assistant animateur technicien de la jeunesse et des sports (BAPAAT)

intitulé du diplôme	conditions d'exercice	limites des conditions d'exercice
BAPAAT, options « loisirs du jeune et de l'enfant »; « loisirs tout public dans les sites et structures d'accueil collectif »; « loisirs de pleine nature »		
supports techniques du BAPAAT		
bicross	initiation au bicross, avec les prérogatives et dans les conditions prévues par l'arrêté du 19 janvier 1993 modifié relatif à l'organisation et aux conditions de préparation et de délivrance du BAPAAT	

vélo tout-terrain (VTT)	initiation au VTT, avec les prérogatives et dans les conditions prévues par l'arrêté du 19 janvier 1993 modifié	

mentions de la spécialité « parachutisme »		
BP JEPS, spécialité « activité du cyclisme »	préparation et mise en œuvre de cycles d'animation et d'initiation à vélo	à l'exclusion de toute pratique compétitive

mentions de la spécialité « activité du cyclisme »		
BMX	préparation et mise en œuvre de cycles d'apprentissage en BMX	
cyclisme traditionnel	préparation et mise en œuvre de cycles d'apprentissage en cyclisme traditionnel	

VTT.	préparation et mise en œuvre de cycles d'apprentissage en VTT	

Unités capitalisables complémentaires (UCC) et certificats de spécialisation (CS) associés aux spécialités du BP JEP

UCC « BMX »	conduite de cycles d'apprentissage jusqu'au premier niveau de compétition en BMX	
UCC « vélo tout-terrain »	conduite de cycles d'apprentissage jusqu'au premier niveau de compétition en vélo tout-terrain	à l'exclusion du vélo tout-terrain de descente

Chapitre 3
L'identification des vélos et la lutte contre le vol

Section 1 L'identification des vélos

Art. 117 (C. transp., art. L. 1271-2) (LOM)

Les cycles et cycles à pédalage assisté vendus par un commerçant font l'objet d'une identification à compter du 1er janvier 2021 pour les ventes de cycles et cycles à pédalage assisté neufs et à compter du 1er juillet 2021 pour les ventes d'occasion.

Art. 118 (C. transp., art. R. 1271-2)

Tout cycle vendu par un commerçant comporte un identifiant apposé sur le cycle.

Art. 119 (C. transp., art. R. 1271-4)

L'obligation d'identification prévue par l'article R. 1271-2 (du code des transports) n'est pas applicable :

1° Aux cycles pour enfants dont les roues sont de diamètre inférieur ou égal à 40,64 centimètres (16 pouces) ;

2° Aux cycles qui font l'objet de ventes entre professionnels du commerce de cycles.

> Les cycles pour enfants peuvent néanmoins faire l'objet d'une identification à la demande de l'acquéreur ou du propriétaire (C. transp., art. R. 1271-5)

Art. 120 (C. transp., art. R. 1271-16)

Les opérateurs d'identification de cycles sont agréés par le ministre chargé des transports, après avis du ministre de l'Intérieur et du gestionnaire du fichier national, lorsqu'ils remplissent les conditions de solvabilité, de compétence et de fiabilité définies par arrêté conjoint du ministre chargé des transports et du ministre de l'Intérieur.

L'agrément est accordé pour une durée d'un an et il est renouvelable par tacite reconduction pendant six ans.

> Les modalités de la demande d'agrément sont définies par l'article 4 de l'arrêté des ministres de la transition écologique et du ministre de l'Intérieur du 29 décembre 2020 relatif à l'identification des cycles (v. *infra*).

Art. 121 (C. transp., art. R. 1271-11)

Un opérateur agréé dispose d'un procédé technique permettant l'apposition sur le cycle de l'identifiant, qui lui est fourni exclusivement par le gestionnaire du fichier national.

Le format de l'identifiant est précisé par arrêté conjoint du ministre chargé des transports et du ministre de l'Intérieur.

Le procédé technique utilisé pour identifier les cycles peut faire l'objet de prescriptions définies par arrêté conjoint du ministre chargé des Transports et du ministre de l'Intérieur.

Arrêté du 29 décembre 2020 relatif à l'identification des cycles

Article 1er

Les identifiants apposés sur les cycles sont composés de 10 caractères alphanumériques. Les deux premiers caractères sont propres à l'opérateur agréé des cycles identifiés concerné. L'identifiant est unique et créé par le gestionnaire du fichier national unique des cycles identifiés.

Les caractères utilisables sont au nombre de 31 : {0, 1, 2, 3, 4, 5, 6, 7, 8, 9, A, B, C, D, E, F, G, H, J, K, M, N, P, R, S, T, V, W, X, Y, Z}.

Article 2

Les différents statuts du cycle sont :

– « En service » : statut du vélo après sa vente ;

– « Volé, perdu » : sur inscription du propriétaire, en cas de perte ou de vol ;

– « Hors d'usage, détruit » : sur inscription du propriétaire, en cas de mise au rebut ;

– « En recherche de propriétaire » : sur demande d'un professionnel qui exerce des activités de destruction ou de préparation en vue du réemploi ou de la réutilisation des cycles ;

– « En vente » : sur inscription du propriétaire ;

– « Sortie d'atelier » : sur demande d'un professionnel, lorsqu'un cycle est physiquement identifié mais pas encore vendu à un particulier.

Article 3

Un certificat d'identification du cycle comportant l'identifiant et les données prévues aux 1° et 2° du I de l'article R. 1271-13 du code des transports est remis au propriétaire du cycle sur simple demande par tout opérateur agréé d'identification de cycles. Ce certificat peut être fourni sous format numérique.

Art. 122 (C. transp., art. R. 1271-12)

Chaque opérateur agréé est responsable de traitement d'une base de données des cycles identifiés, dont les finalités sont les mêmes que celles du fichier national unique des cycles identifiés mentionnées à l'article R. 1271-19 (du code des transports).

L'opérateur agréé transmet les données et informations contenues dans cette base au gestionnaire du fichier national selon les modalités que celui-ci détermine. […]

Art. 123 (C. transp., art. R. 1271-13)

I. – La base de données d'un opérateur agréé comporte pour chaque identifiant de cycle :

1° Les données à caractère personnel permettant d'identifier et de contacter le propriétaire du cycle : nom et prénom ou raison sociale du propriétaire ou, s'il y a lieu, des copropriétaires du cycle, ainsi que téléphone et adresse électronique; toutefois, en cas de copropriété, ces derniers éléments peuvent être recueillis pour un seul des copropriétaires;

2° Les données décrivant le cycle : type d'engin, marque, modèle, couleur;

3° Le statut du cycle. […]

II. – Peuvent également figurer dans cette base de données :

1° Des données à caractère personnel facultatives : adresse postale et date de naissance du propriétaire ou s'il y a lieu des copropriétaires;

2° Des données facultatives de description du cycle: numéro de série du vélo, numéro de série du moteur, numéro de série de la batterie.

Art. 124 (C. transp., art. R. 1271-7)

Au moment de la vente, le commerçant recueille auprès de l'acquéreur les données à caractère personnel mentionnées au 1° du I de l'article R. 1271-13 (du code des transports) qui permettent d'identifier et de contacter le propriétaire du cycle et les transmet, accompagnées de celles portant sur la description du cycle et le statut de celui-ci, à l'opérateur agréé qui a fourni cet identifiant.

Le commerçant remet à l'acquéreur une preuve d'achat sur laquelle figure l'identifiant du cycle et lui fournit les informations permettant à son propriétaire d'accéder aux données le concernant transmises à l'opérateur agréé et le cas échéant de les rectifier.

> Le non-respect par l'opérateur agréé de ses obligations ou de celles résultant des textes protégeant les données personnelles est sanctionné par la suspension de toute attribution d'identifiants pour une durée maximum d'un an ou le retrait de l'agrément (cf. C. transp., art. R. 1271-17).

Art. 125 (C. transp., art. R. 1271-15)

Lorsqu'une personne physique ou morale n'est plus propriétaire d'un cycle, elle en fait la déclaration à l'opérateur agréé ayant fourni l'identifiant qui, dans un délai de vingt-quatre heures, efface de manière sécurisée les données à caractère personnel la concernant mentionnées à l'article R. 1271-13 (du code des transports).

Art. 126 (C. transp., art. R. 1271-8)

Lorsqu'un cycle identifié est cédé, son propriétaire, lorsqu'il n'est pas un commerçant ni un professionnel de la préparation en vue du réemploi ou de la réutilisation, en fait la déclaration auprès de l'opérateur agréé ayant fourni l'identifiant et communique au cessionnaire les informations lui permettant d'accéder au fichier de cet opérateur pour qu'il puisse y enregistrer les données le concernant.

En cas de cession d'un vélo en dehors du circuit professionnel, le vendeur et l'acheteur ont chacun une obligation de déclaration auprès de l'opérateur agréé.

Art. 127 (C. transp., art. R. 1271-9)

Lorsqu'un cycle identifié est volé, restitué après un vol, mis au rebut, détruit ou fait l'objet de tout autre changement de statut, son propriétaire en informe l'opérateur agréé concerné dans un délai de deux semaines.

Art. 128 (C. transp., art. R. 1271-25)

Est puni de l'amende prévue pour les contraventions de la première classe le fait pour un commerçant :

1° De vendre un cycle soumis à l'obligation d'identification sans qu'il ait fait l'objet de celle-ci ;

2° De ne pas transmettre l'identifiant et le statut d'un cycle qu'il a vendu à l'opérateur agréé ayant fourni l'identifiant.

> La sanction, modeste, ne peut être infligée qu'aux seuls commerçants c'est-à-dire à ceux qui effectuent la vente de cycles à titre d'actes de commerce et en font leur profession habituelle (C com., art. L. 121-1).

Section 2 **Le fichier national unique des cycles identifiés (FNUCI)**

Art. 129 (C. transp., art. L. 1271-3) (LOM)

Afin de lutter contre le vol, le recel et la revente illicite des cycles, il est créé un fichier national unique des cycles identifiés qui fait l'objet d'un traitement automatisé dans les conditions prévues par la loi n° 78-17 du 6 janvier 1978 relative à l'informatique, aux fichiers et aux libertés.

Art. 130 (C. transp., art. R. 1271-19)

Le fichier national unique des cycles identifiés [...] permet de lutter contre le vol, le recel et la revente illicite des cycles et ainsi de restituer un cycle à son propriétaire.

Il est constitué des informations figurant dans les bases de données des opérateurs agréés prévues par l'article R. 1271-13 (du code des transports).

Le droit d'opposition ne s'applique pas au traitement du fichier national unique.

Les données figurant dans le fichier national unique ne sont pas utilisables à des fins commerciales mais peuvent donner lieu à une exploitation statistique.

Art. 131 (C. transp., art. R. 1271-21)

Le statut du cycle figurant dans le fichier national unique est accessible librement au moyen de l'identifiant du cycle.

Art. 132 (C. transp., art. R. 1271-22)

Les données du fichier national unique sont accessibles, dans la limite de leurs attributions et aux seules fins prévues par l'article L. 1271-3 (du code des transports) :

1° Aux forces de police, de gendarmerie et aux services des douanes;

2° Aux agents de police municipale, aux gardes-champêtres, ainsi qu'aux agents municipaux affectés au service des objets trouvés, habilités par les maires de leur commune ;

3° Aux gardiens de fourrières agréés en application de l'article R. 325-24 du code de la route ;

4° Aux personnes, services ou organismes qui contribuent à l'identification des cycles ;

5° Au directeur d'administration centrale chargé des transports et de la mobilité ou aux agents placés sous son autorité. [...]

Art. 133 (C. transp., art. R. 1271-23)

La gestion du fichier national unique est confiée à un organisme ayant une large connaissance du secteur des cycles et répondant aux conditions d'aptitude, d'expérience et de compétences techniques nécessaires à la tenue de manière fiable et sécurisée d'un fichier national d'identification comportant des données à caractère personnel. Il est le responsable de traitement du fichier national unique.

Le ministre chargé des transports désigne cet organisme pour une durée de six années. Cette désignation peut être renouvelée.

Art. 134 (C. transp., art. R. 1271-20)

Les modifications effectuées par le propriétaire d'un cycle identifié dans la base de données d'un opérateur agréé sont simultanément transmises et enregistrées par le gestionnaire du fichier national. Il en va de même de l'effacement de manière sécurisée des données à caractère personnel lorsque la personne physique ou morale déclare ne plus être propriétaire du cycle auprès de l'opérateur agréé.

Art. 135 (C. transp., art. L. 1271-4) (LOM)

Un professionnel qui exerce des activités de destruction ou de préparation en vue du réemploi ou de la réutilisation des cycles est tenu d'informer les opérateurs agréés mentionnés à l'article L. 1271-5 (du code des transports) lorsqu'un cycle identifié dont il n'a pas la propriété lui est confié, afin que ces opérateurs procèdent à l'information de son propriétaire s'il est inscrit au fichier prévu à l'article L. 1271-3 (du même code). Par dérogation à la loi du 31 décembre 1903 relative à la vente de certains objets abandonnés, le cycle qui n'a pas été retiré dans un délai de trois mois à compter de cette information ou dont le propriétaire n'est pas connu peut être vendu ou détruit par le professionnel.

> Ce texte fait exception au fameux délai d'abandon d'un an en prévoyant qu'un vélo est réputé abandonné au bout de trois mois, comme les véhicules terrestres à moteur.

Art. 136 (C. transp., art. R. 1271-10)

Lorsqu'un cycle identifié est remis à un professionnel qui exerce des activités de destruction ou de préparation en vue du réemploi ou de la réutilisation des cycles, ce professionnel, qui doit être enregistré auprès du gestionnaire du fichier national, en informe celui-ci. Le gestionnaire du fichier national transmet cette information à l'opérateur agréé ayant fourni l'identifiant, qui contacte le propriétaire afin de lui indiquer où se trouve son cycle et qu'il dispose d'un délai de trois mois pour le retirer, en précisant qu'à défaut de retrait dans ce délai, le cycle pourra être cédé ou détruit.

Si le propriétaire n'est pas connu ou si le professionnel qui détient le cycle indique, comme il y est tenu, qu'il n'a pas retiré le cycle dans les trois mois suivant l'information faite par l'opérateur agréé, toute donnée à caractère personnel associée au cycle est supprimée par l'opérateur agréé et le gestionnaire du fichier national. Le gestionnaire du fichier national communique alors au professionnel les informations nécessaires pour déclarer un changement de propriétaire auprès de l'opérateur agréé. […]

Lorsqu'il cède un cycle identifié, le professionnel est tenu aux obligations prévues par l'article R. 1271-7 (du code des transports).

Art. 137 (C. transp., art. R. 1271-26)

Est puni de l'amende prévue pour les contraventions de la première classe le fait pour un professionnel qui exerce des activités de destruction ou de préparation en vue du réemploi ou de la réutilisation des cycles :

1° De ne pas informer le gestionnaire du fichier national qu'un cycle identifié lui a été remis ;

2° De ne pas informer le gestionnaire du fichier national qu'un cycle identifié n'a pas été retiré par son propriétaire ;

3° De ne pas transmettre l'identifiant et le statut d'un cycle à l'opérateur agréé ayant fourni l'identifiant lorsqu'il cède un cycle identifié.

> Ces dispositions, malgré une certaine ambiguïté sans conséquence quant à la personne à informer (opérateur agréé ou gestionnaire du fichier unique ?), obligent les professionnels à assurer le suivi des vélos et constituent donc un véritable réseau de détection des vélos volés.

Titre II
Le droit aux aménagements spécifiques

Chapitre 1
La prise en compte du cycliste dans les politiques publiques de transport et d'aménagement

Section 1 **Le vélo dans l'organisation des transports**

Sous-section 1 ***Le plan de mobilité***

Art. 138 (C. transp., art. L. 1214-1) (LOM)

Le plan de mobilité détermine les principes régissant l'organisation de la mobilité des personnes et du transport des marchandises, la circulation et le stationnement dans le ressort territorial de l'autorité organisatrice de la mobilité. Il est élaboré par cette dernière en tenant compte de la diversité des composantes du territoire ainsi que des besoins de la population, en lien avec les collectivités territoriales limitrophes. Le plan de mobilité vise à contribuer à la diminution des émissions de gaz à effet de serre liées au secteur des transports, selon une trajectoire cohérente avec les engagements de la France en matière de lutte contre le changement climatique, à la lutte contre la pollution de l'air et la pollution sonore ainsi qu'à la préservation de la biodiversité.

Art. 139 (C. transp., art. L. 1214-2) (LOM)

Le plan de mobilité vise à assurer : […]

3° L'amélioration de la sécurité de tous les déplacements, en opérant, pour chacune des catégories d'usagers, un partage de la voirie équilibré entre les différents modes de transport et en effectuant le suivi des accidents impliquant au moins un piéton, un cycliste […] ;

4° La diminution du trafic automobile et le développement des usages partagés des véhicules terrestres à moteur ;

5° Le développement des transports collectifs et des moyens de déplacement les moins consommateurs d'énergie et les moins polluants, notamment l'usage de la bicyclette et la marche à pied ; […]

9° L'amélioration des mobilités quotidiennes des personnels des entreprises et des collectivités publiques en incitant ces divers employeurs, notamment dans le cadre d'un plan de mobilité employeur ou en accompagnement du dialogue social portant sur les sujets mentionnés au 8° de l'article L. 2242-17 du code du travail, à encourager et faciliter l'usage des transports en commun et le recours au covoiturage, aux autres mobilités partagées et aux mobilités actives ainsi qu'à sensibiliser leurs personnels aux enjeux de l'amélioration de la qualité de l'air ;

9° *bis* L'amélioration des mobilités quotidiennes des élèves et des personnels des établissements scolaires, en incitant ces établissements à encourager et faciliter l'usage des transports en commun et le recours au covoiturage, aux autres mobilités partagées et aux mobilités actives ;

9° *ter* L'amélioration des conditions de franchissement des passages à niveau, notamment pour les cyclistes, les piétons et les véhicules de transport scolaire ; [...]

Art. 140 (C. transp., art. L. 1214-2-1) (LOM)

Le plan de mobilité comprend un volet relatif à la continuité et à la sécurisation des itinéraires cyclables (et piétons). Ce volet définit également les principes de localisation des zones de stationnement des vélos à proximité des gares, des pôles d'échanges multimodaux et des entrées de ville situés dans le ressort territorial. Ce volet définit également les outils permettant d'accroître les informations à destination des piétons et des cyclistes, notamment la mise en place d'une signalétique favorisant les déplacements à pied.

Art. 141 (C. transp., art. L. 1214-3) (LOM)

L'établissement d'un plan de mobilité est obligatoire dans les ressorts territoriaux des autorités organisatrices de la mobilité inclus dans les agglomérations de plus de 100 000 habitants mentionnées au deuxième alinéa de l'article L. 221-2 du code de l'environnement ou recoupant celles-ci. Les communautés de communes autorités organisatrices de la mobilité, ainsi que la région lorsqu'elle intervient en application du II de l'article L. 1231-1 (du code des transports), ne sont pas soumises à cette obligation. La région, lorsqu'elle intervient en application du même II, peut élaborer le plan prévu à l'article L. 1214-1 (du même code) sur le territoire d'une ou plusieurs communautés de communes concernées et situées dans le même bassin de mobilité tel que défini à l'article L. 1215-1 (du même code).

> Succédant au plan de déplacements urbains, le plan de mobilité est l'objet de très nombreuses dispositions du code des transports auxquelles il convient donc de se reporter. On relèvera qu'elles contiennent la même ineptie pleine de bonne intention que la LOM : l'assimilation permanente des déplacements à vélo à ceux faits à pied. On soulignera néanmoins la consécration des principes de continuité et de sécurisation des voies cyclables.

Sous-section 2 ***L'intermodalité***

> L'intermodalité désigne l'utilisation de plusieurs modes de transport au cours d'un même déplacement.

§ 1 **Le vélo dans la politique de transport**

Art. 142 (C. transp., art. L. 1211-3) (LOM)

I. – La politique globale des transports prévoit le développement des modes de transports individuels et collectifs, en prenant en compte leurs avantages et leurs inconvénients respectifs en matière de développement régional, d'aménagement urbain, de protection de l'environnement, de limitation de la consommation des espaces agricoles et naturels, d'utilisation rationnelle de l'énergie, de sécurité et de réduction des émissions de gaz à effet de serre et d'autres polluants. Elle intègre non seulement les coûts économiques mais aussi les coûts sociaux et environnementaux, monétaires et non monétaires, résultant de la création, de l'entretien et de l'usage des infrastructures, des équipements et des matériels de transport qui sont supportés par les usagers et les tiers.

II. – À cette fin, elle favorise, selon une logique intermodale :

1° La complémentarité des modes de transports individuels et collectifs ainsi que leur coopération, notamment par les choix d'infrastructures, par l'aménagement des lieux d'échanges et de correspondances, par la création d'aires de stationnement sécurisé pour les vélos dans les nouvelles gares et les réaménagements de gares existantes du réseau ferré et par le développement rationnel des transports combinés ;

1° *bis* La création ou l'aménagement de pôles d'échanges multimodaux dimensionnés aux flux des passagers et accueillant différents modes de transport terrestre ;

2° La coopération entre les opérateurs, la tarification combinée et l'information des usagers sur les différents modes de transports, par la coordination de l'exploitation des réseaux ;

3° L'amélioration prioritaire de l'efficacité de l'utilisation des réseaux et des équipements existants par des mesures d'exploitation et des tarifications appropriées ;

4° L'établissement, entre les modes de transport et les entreprises concernées, d'une concurrence loyale, notamment en harmonisant leurs conditions d'exploitation et d'utilisation et, dans chacun des modes de transport, le respect d'une concurrence non discriminatoire, en mettant en place les outils de régulation nécessaires et en garantissant leur bon fonctionnement ;

5° Le développement et l'amélioration de la politique européenne des transports.

Art. 143 (C. transp., art. L. 1213-3) (LOM)

En l'absence d'une autorité organisatrice de transport unique, les politiques conduites en matière de mobilité par les collectivités territoriales et leurs groupements au titre de l'article L. 1221-1 (du code des transports) sont coordonnées à l'échelle régionale en ce qui concerne l'offre de services, l'information des usagers, la tarification et la billettique, en tenant compte notamment des besoins de déplacement quotidien entre le domicile et le lieu de travail.

La planification régionale de l'intermodalité comprend les modalités de coordination de l'action des collectivités et de leurs groupements concernés, relatives aux pôles d'échanges stratégiques entrant dans le champ de l'article L. 3114-1 (du code des transports) et relevant du service public et les objectifs d'aménagements nécessaires à la mise en œuvre de connexions entre les différents réseaux de transport et modes de déplacement, en particulier les modes non polluants.

Art. 144 (C. transp., art. L. 1231-1-1) (LOM)

I. – Sur son ressort territorial, chacune des autorités organisatrices de la mobilité mentionnées au I de l'article L. 1231-1 (du code des transports), ainsi que la région lorsqu'elle intervient dans ce ressort en application du

II du même article L. 1231-1, est compétente pour : […]

4° Organiser des services relatifs aux mobilités actives définies à l'article L. 1271-1 ou contribuer au développement de ces mobilités ; […]

III. – Les autorités mentionnées au premier alinéa du I assurent la planification, le suivi et l'évaluation de leur politique de mobilité, et associent à l'organisation des mobilités l'ensemble des acteurs concernés.

IV. – Les autorités mentionnées au premier alinéa du I contribuent aux objectifs de lutte contre le changement climatique, la pollution de l'air, la pollution sonore et l'étalement urbain.

> Pour les services d'intérêt régional, la région, autorité organisatrice de la mobilité régionale, dispose des mêmes compétences qu'elle peut déléguer à une collectivité territoriale relevant d'une autre catégorie, à un établissement public de coopération intercommunale à fiscalité propre, à une autre autorité organisatrice de la mobilité, à un syndicat mixte ou à un groupement européen de coopération territoriale.

§ 2 **Les obligations des sociétés de transports ferroviaires et routiers collectifs de voyageurs**

Art. 145 (C. transp., art. L. 1272-5) (LOM)

Les matériels neufs et rénovés affectés à la réalisation des services ferroviaires de transport de voyageurs circulant sur les infrastructures appartenant à l'État et à ses établissements publics ainsi que ceux affectés aux réseaux d'Île-de-France, de Corse et de Provence-Alpes-Côte d'Azur, à l'exception des services urbains, prévoient des emplacements destinés au transport de vélos non démontés. Ces emplacements ne peuvent restreindre l'accès des personnes handicapées ou à mobilité réduite. Un décret définit le nombre minimal d'emplacements à prévoir en fonction des matériels concernés et des services auxquels ils sont affectés. Il précise les exceptions dérogeant à cette obligation générale ainsi que les conditions de sa mise en œuvre.

NOTA : Conformément au VII de l'article 53 de la loi n° 2019-1428 du 24 décembre 2019, ces dispositions s'appliquent aux matériels neufs pour lesquels l'avis de marché a été publié à compter du 1er juillet 2020. Elles s'appliquent également aux matériels dont la rénovation est engagée ou fait l'objet d'un avis de marché à compter de cette même date.

Art. 146 (C. transp., art. L. 2121-2, al. 2)

Toute suppression du service d'embarquement des vélos non démontés à bord des services de transport ferroviaire de voyageurs d'intérêt national est soumise pour avis aux régions concernées.

Art. 147 (C. transp., art. L. 1272-1) (LOM)

Les gares de voyageurs, les pôles d'échanges multimodaux et les gares routières identifiés dans les conditions prévues aux articles L. 1272-2 et L. 1272-3 (du code des transport) sont équipés de stationnements sécurisés pour les vélos avant le 1er janvier 2024 […]

Art. 148 (C. transp., art. L. 1272-2) (LOM)

Les gares de voyageurs dont la filiale de SNCF Réseau mentionnée au 5° de l'article L. 2111-9 (du code des transports) assure la gestion ainsi que les gares du réseau express régional et les gares routières dont la Régie autonome des transports parisiens est propriétaire soumises à l'obligation d'équipement de stationnements sécurisés pour les vélos sont déterminées par décret.

La liste est établie au regard des objectifs d'aménagement définis par la planification régionale de l'intermodalité et, le cas échéant, par les plans de mobilité. À défaut, elle prend en compte l'importance de la gare ou du pôle.

Le nombre et les caractéristiques de ces équipements sont également fixés par décret. Le nombre d'équipements est modulé en fonction de la fréquentation des gares.

Art. 149 (C. transp., art. L. 1272-4) (LOM)

Lorsque la surface des emprises dont la filiale de SNCF Réseau mentionnée au 5° de l'article L. 2111-9 (du code des transports) assure la gestion ou dont la Régie autonome des transports parisiens est propriétaire et qui sont disponibles dans une gare figurant sur la liste établie en application de l'article L. 1272-2 (du code des transports) ou aux abords de celle-ci est insuffisante pour l'installation d'emplacements de stationnement sécurisés pour les vélos, la filiale de SNCF Réseau mentionnée au 5° de l'article L. 2111-9 (précité) ou la Régie autonome des transports parisiens sollicitent le concours de l'autorité organisatrice de la mobilité concernée aux fins de trouver des emplacements de substitution, au besoin en supprimant des places de stationnement pour véhicules motorisés, à l'exception des places réservées aux véhicules de transport public collectif de personnes et des emplacements réservés aux personnes à mobilité réduite. La réalisation de ces équipements fait l'objet d'une convention.

Les modalités de mise en œuvre des équipements de stationnement sécurisés pour les vélos prévus au présent article peuvent être définies dans le contrat opérationnel de mobilité prévu à l'article L. 1215-2 (du code des transports).

Art. 150 (C. transp., art. L. 1272-3) (LOM)

La commune d'implantation d'un pôle d'échange multimodal ou l'autorité organisatrice de la mobilité dans le ressort de laquelle ce pôle est situé, après concertation avec les autres collectivités et personnes morales concernées ainsi que, le cas échéant, avec le comité mentionné à l'article L. 2111-9-3 (du code des transports), invite les collectivités territoriales et personnes propriétaires d'emprises et d'installations au sein de ce pôle à se prononcer avant le 1er janvier 2021 sur la nécessité de doter ce pôle d'emplacements de stationnement sécurisés pour les vélos au regard des critères définis au deuxième alinéa de l'article L. 1272-2 et, le cas échéant, sur la localisation, le nombre et les caractéristiques des équipements nécessaires.

Art. 151 (C. transp., art. R. 3114-4, al. 2)

L'exploitant d'un aménagement de transport public routier relevant des pôles d'échanges stratégiques issus de la planification régionale de l'intermodalité prévue par l'article L. 1213-3 (du code des transports) prend part à la réalisation des objectifs de ce plan, notamment en ce qui concerne les équipements de stationnement pour les vélos.

Art. 152 (C. transp., art. L. 1272-6)

À compter du 1er juillet 2021, les autocars neufs utilisés pour des services réguliers de transport public routier de personnes, à l'exception des services urbains, sont équipés, à leur mise en service, d'un système pour transporter au minimum cinq vélos non démontés.

Les autorités mentionnées aux articles L. 1231-1, L. 1231-3 ou L. 1241-1 (du code des transports) peuvent déroger à cette obligation, sur décision motivée, pour les services qu'elles organisent.

Un décret définit les conditions d'application du premier alinéa du présent article aux services librement organisés mentionnés à l'article L. 3111-17 (du code des transports) *[c'est-à-dire les services réguliers interurbains libéralisés par la loi du 6 août 2015]*. Pour ces services, l'emport des vélos peut faire l'objet de réservations.

§ 3 **Le financement de l'intermodalité : le versement destiné au financement des services de mobilité**

Art. 153 (CGCT, art. L. 2333-68) (LOM)

[…] le versement *[destiné au financement des services de mobilité]* est affecté au financement des dépenses d'investissement et de fonctionnement des transports publics urbains et non urbains exécutés dans le ressort territorial de l'autorité organisatrice de la mobilité et organisés par cette autorité et des autres services de transports publics qui, sans être effectués entièrement dans le ressort territorial de l'autorité organisatrice de la mobilité, concourent à la desserte du territoire dans le cadre d'un contrat passé avec l'autorité responsable de l'organisation de la mobilité. Le versement est également affecté au financement des dépenses d'investissement et de fonctionnement de toute action relevant des compétences des autorités organisatrices de la mobilité au sens des articles L. 1231-1 et L. 1231-1-1 du code des transports.

Art. 154 (CGCT, art. L. 2531-5) (LOM)

[…] le versement est affecté au financement des dépenses d'investissement et de fonctionnement des transports publics réguliers de personnes effectués dans la région des transports parisiens.

Île-de-France Mobilités peut également contribuer sur les ressources provenant de ce versement au financement […] des opérations visant à favoriser l'usage combiné des transports en commun et du vélo.

Anciennement appelé « versement de transport », le versement destiné au financement des services de mobilité (on appréciera la simplification administrative !) est un versement non prévu par le code général des impôts auquel les communes et les établissements publics de coopération intercommunale, peuvent, sur délibération du conseil municipal ou de l'organe compétent, assujettir les personnes physiques ou morales, publiques ou privées, à l'exception des fondations et associations reconnues d'utilité publique à but non lucratif dont l'activité est de caractère social lorsqu'elles emploient au moins onze salariés.

La LOM a fait disparaître la mention spécifique selon laquelle « le versement est également affecté au financement des opérations visant à améliorer l'intermodalité transports en commun-vélo » qui faisait l'intérêt de ces dispositions qu'elle a toutefois maintenue dans le texte spécifiquement applicable à la région parisienne reprenant expressément la possibilité d'affecter le produit de ce versement à l'intermodalité entre les transports en commun et le vélo. Le décret du 29 juin 2020 a ensuite fait disparaître de l'article D. 2333-86 du CGCT les « opérations visant à améliorer l'intermodalité entre les transports en commun et le vélo » des dépenses ouvrant droit au bénéfice du produit du versement pour s'en remettre aux seules actions décidées par les autorités organisatrices de la mobilité.

Section 2 **La mise à disposition de vélos**

Sous-section 1 ***Un service public de location de vélos***

Art. 155 (C. transp., art. L. 1231-16) (LOM)

En cas d'inexistence, d'insuffisance ou d'inadaptation de l'offre privée, les autorités mentionnées à l'article L. 1231-1 ou à l'article L. 1231-3 (du code des transports) [les communautés d'agglomération, les communautés urbaines, les métropoles, la métropole de Lyon, dans certains cas les communes, les syndicats mixtes de transport et pôle d'équilibre territorial et rural ou la région] peuvent organiser un service public de location de bicyclettes. L'exploitant de ce service n'est pas soumis à l'obligation prévue à l'article L. 1421-1 (du code des transports) *[qui impose à toute entreprise de transport public de personnes établie sur le territoire national l'inscription sur un registre tenu par l'autorité administrative compétente de l'État].*

Art. 156 (C. transp., art. L. 1241-1) (LOM)

I. – Dans la région d'Île-de-France, l'établissement public dénommé "Île-de-France Mobilités" est l'autorité compétente pour : [...]

4° Organiser des services relatifs aux mobilités actives définies à l'article L. 1271-1 (du code des transports) ou contribuer au développement de ces mobilités; en particulier, il peut organiser un service public de location de vélos dans les conditions prévues à l'article L. 1231-16 (du code des transports), lorsqu'un tel service public n'existe pas et sous réserve de l'accord des communes ou des établissements publics de coopération intercommunale sur le ressort territorial desquels il envisage de l'implanter. Par dérogation, cette double condition n'est pas applicable à la création, par Île-de-France Mobilités, d'un service public de location de vélos de longue durée sans impact sur la voirie. Lorsque des services relatifs aux mobilités actives sont organisés par des personnes publiques autres qu'Île-de-France Mobilités, celui-ci est consulté avant toute décision relative à leur développement ou à leur renouvellement; […]

Sous-section 2 ***La gestion des vélos en libre-service***

Art. 157 (C. transp., art. L. 1231-17) (LOM)

I. – Le titre délivré aux opérateurs de services de partage de […] cycles […] mis à disposition des utilisateurs sur la voie publique et accessibles en libre-service, sans station d'attache, est établi dans les conditions définies au titre II du livre Ier de la deuxième partie du code général de la propriété des personnes publiques.

Il est délivré de manière non discriminatoire, après avis de l'autorité organisatrice de la mobilité mentionnée à l'article L. 1231-1 (du code des transports) concernée ou, sur le territoire de la région d'Île-de-France, de l'autorité mentionnée à l'article L. 1241-1 (du code des transports) et de l'autorité chargée de la police de la circulation et du stationnement, lorsque cette autorité n'est pas compétente pour le délivrer. Ces avis sont émis dans un délai de deux mois à compter de la transmission à ces autorités du projet de titre. Passé ce délai, les avis sont réputés favorables.

L'autorité compétente pour délivrer le titre n'est tenue que de procéder à une publicité préalable à la délivrance du titre, de nature à permettre la manifestation d'un intérêt pertinent et à informer de manière non discriminatoire les candidats potentiels sur les conditions générales d'attribution, lorsqu'au moins une des conditions prévues au second alinéa de l'article L. 2122-1-1 du code général de la propriété des personnes publiques est remplie.

II. – Le titre mentionné au I du présent article peut comporter des prescriptions portant exclusivement sur :

1° Les informations que doit transmettre l'opérateur, relatives au nombre et aux caractéristiques des [...] cycles [...] pouvant être mis à disposition des utilisateurs;

2° Le nombre de [...] cycles [...], sauf dans le cas prévu au second alinéa de l'article L. 2122-1-1 du code général de la propriété des personnes publiques où le nombre de titres délivrés n'est pas limité;

3° Les conditions spatiales de déploiement des [...] cycles [...];

4° Les mesures que doit prendre l'opérateur afin d'assurer le respect, par lui-même ou ses préposés, et par les utilisateurs des [...] cycles [...] des règles de circulation et de stationnement édictées par les autorités compétentes, notamment les règles assurant l'accessibilité de la voie publique aux personnes handicapées ou à mobilité réduite et garantissant la sécurité des piétons;

5° Les mesures que doit prendre l'opérateur pour assurer le retrait des […] cycles […] lorsque ceux-ci sont hors d'usage ou en cas d'interruption ou d'arrêt définitif du service;

6° Les caractéristiques des […] cycles […] mis à disposition au regard de leurs plafonds d'émissions de polluants atmosphérique et de gaz à effet de serre, de leurs conditions de durabilité ainsi que de leurs modalités d'entretien;

7° Les restrictions totales ou partielles d'apposition de publicité sur les […] cycles […] à l'exception de la publicité concernant le service lui-même; […]

Ces prescriptions peuvent être adaptées aux types de […] cycles […].

III. – Le stationnement des véhicules des services mentionnés au I du présent article n'est pas soumis aux modalités de la tarification et de la gestion matérielle du stationnement des véhicules sur la voie publique prévues à l'article L. 2333-87 du code général des collectivités territoriales. Le titre mentionné au I du présent article donne uniquement lieu au paiement, par l'opérateur, de la redevance mentionnée à l'article L. 2125-1 du code général de la propriété des personnes publiques.

IV. – L'autorité compétente pour délivrer le titre mentionné au I du présent article peut déléguer par convention la délivrance du titre à l'autorité organisatrice de la mobilité mentionnée à l'article L. 1231-1 (du code des transports) compétente sur le territoire concerné et, sur le territoire de la région d'Île-de-France, à l'autorité mentionnée à l'article L. 1241-1 (du code des transports).

Chaque convention définit les compétences déléguées ainsi que les modalités de cette délégation et de son contrôle.

Art. 158 (C. transp., art. L. 1115-1) (LOM)

Pour l'application du règlement délégué (UE) 2017/1926 de la Commission du 31 mai 2017 complétant la directive 2010/40/UE du Parlement européen et du Conseil en ce qui concerne la mise à disposition, dans l'ensemble de l'Union, de services d'informations sur les déplacements multimodaux : [...]

5° Les fournisseurs de services de partage de véhicules, cycles et engins de déplacement personnel fournissent les données statiques, historiques et dynamiques sur les déplacements, y compris celles relatives à la localisation des [...] cycles [...] disponibles, dans les conditions mentionnées audit 2° et sous réserve des dispositions du présent 5°. Lorsqu'elles organisent de tels services, les personnes mentionnées au 1° *[les autorités organisatrices de la mobilité au sens du présent code, l'État, les régions, les départements, les communes, les établissements publics de coopération intercommunale, les syndicats mixtes, Île-de-France Mobilités, les autorités désignées à l'article L. 1811-2 (du code des transports) et la métropole de Lyon]* sont responsables de la fourniture des données. Elles peuvent en confier la charge aux prestataires chargés de l'exécution de ces services ; [...]

Section 3 **Les projets commerciaux**

Art. 159 (C. urb., art. L. 141-17)

Le document d'orientation et d'objectifs *[du schéma de cohérence territorial dit « SCOT »]* comprend un document d'aménagement artisanal et commercial déterminant les conditions d'implantation des équipements commerciaux qui, du fait de leur importance, sont susceptibles d'avoir un impact significatif sur l'aménagement du territoire et le développement durable.

Ces conditions privilégient la consommation économe de l'espace, notamment en entrée de ville, par la compacité des formes bâties, l'utilisation prioritaire des surfaces commerciales vacantes et l'optimisation des surfaces dédiées au stationnement. Elles portent également sur la desserte de ces équipements par les transports collectifs et leur accessibilité aux piétons et aux cyclistes ainsi que sur leur qualité environnementale, architecturale et paysagère, notamment au regard de la performance énergétique et de la gestion des eaux. […]

Art. 160 (C. com., art. R. 752-6)

La demande *[d'autorisation d'exploitation commerciale adressée à la commission départementale d'exploitation commerciale]* est accompagnée d'un dossier comportant les éléments ci-après […].

2° Cartes ou plans relatifs au projet […]

c) Une carte ou un plan de la desserte du lieu d'implantation du projet par les transports collectifs, voies piétonnes et pistes cyclables ; […]

Chapitre 2
Le droit aux voies cyclables

Art. 161 (C. transp., art. L. 1212-1) (LOM)

« I. - Le Conseil d'orientation des infrastructures comprend parmi ses membres trois députés et trois sénateurs.

II. – Les missions, la composition, l'organisation et le fonctionnement du conseil sont précisés par décret. »

II. – Le Gouvernement présente chaque année au Parlement, préalablement au débat d'orientation des finances publiques, un rapport sur la mise en œuvre de la programmation financière et opérationnelle des investissements de l'État dans les transports fixée par la loi (dite « LOM »). Ce rapport inventorie aussi les investissements réalisés et les territoires bénéficiaires en termes d'investissement dans les infrastructures routières, ferroviaires, fluviales, portuaires et cyclables.

III. – La programmation financière et opérationnelle des investissements de l'État dans les transports fixée par la présente loi fait l'objet d'une première actualisation au plus tard le 30 juin 2023, puis tous les cinq ans.

Section 1 **L'obligation générale d'aménagement**

Art. 162 (C. envir., art. L. 228-2) (LOM)

À l'occasion des réalisations ou des rénovations des voies urbaines, à l'exception des autoroutes et voies rapides, doivent être mis au point des itinéraires cyclables pourvus d'aménagements prenant la forme de pistes, de bandes cyclables, de voies vertes, de zones de rencontre ou, pour les chaussées à sens unique à une seule file, de marquages au sol, en fonction des besoins et contraintes de la circulation. Lorsque la réalisation ou la rénovation de voie vise à créer une voie en site propre destinée aux transports collectifs et que l'emprise disponible est insuffisante pour permettre de réaliser ces aménagements, l'obligation de mettre au point un itinéraire cyclable peut être satisfaite en autorisant les cyclistes à emprunter cette voie, sous réserve que sa largeur permette le dépassement d'un cycliste dans les conditions normales de sécurité prévues au code de la route.

Le type d'aménagement de ces itinéraires cyclables doit tenir compte des orientations du plan de mobilité, lorsqu'il existe.

Art. 163 (C. envir., art. L. 228-3) (LOM)

À l'occasion des réalisations ou des réaménagements des voies hors agglomération, hors autoroutes et voies rapides, le gestionnaire de la voirie évalue, en lien avec la ou les autorités organisatrices de la mobilité compétentes, le besoin de réalisation d'un aménagement ou d'un itinéraire cyclable ainsi que sa faisabilité technique et financière. Cette évaluation est rendue publique dès sa finalisation. En cas de besoin avéré, un aménagement ou un itinéraire cyclable est réalisé, sauf impossibilité technique ou financière.

Ces aménagements ou itinéraires cyclables doivent tenir compte des orientations des plans de mobilité et de mobilité simplifiés ainsi que du schéma régional d'aménagement, de développement durable et d'égalité des territoires et du schéma national des véloroutes, lorsqu'ils existent, sans que cela puisse remettre en cause l'obligation découlant du premier alinéa.

Pour les aménagements ou itinéraires inscrits dans l'un de ces plans ou schémas, le besoin est réputé avéré.

Conformément au II de l'article 62 de la loi n° 2019-1428 du 24 décembre 2019, les présentes dispositions s'appliquent :

1° Pour les projets soumis à déclaration d'utilité publique ou évaluation environnementale, aux projets dont la première enquête publique est ouverte à compter du premier jour du sixième mois suivant la publication de la présente loi ;

2° Pour les autres projets, aux projets dont l'engagement des premiers travaux a lieu après le premier jour du troisième mois suivant la publication de la présente loi.

Art. 164 (C. envir., art. L. 228-3-1) (LOM)

En cas de besoin avéré et de faisabilité technique et financière, la continuité des aménagements existants destinés à la circulation des piétons et des cyclistes doit être maintenue à l'issue de la construction ou de la réhabilitation d'infrastructures de transport terrestre ou fluvial.

Si le besoin n'est pas avéré, le maître d'ouvrage des travaux évalue, en lien avec les autorités organisatrices de la mobilité compétentes, l'utilité des aménagements susceptibles d'être interrompus. Cette évaluation est rendue publique dès sa finalisation.

Pour les aménagements ou itinéraires inscrits au plan de mobilité, au plan de mobilité simplifié, au schéma régional d'aménagement, de développement durable et d'égalité des territoires ou au schéma national des véloroutes, le besoin est réputé avéré.

Conformément au II de l'article 63 de la loi n° 2019-1428 du 24 décembre 2019, les présentes dispositions s'appliquent :

1° Pour les projets soumis à déclaration d'utilité publique ou évaluation environnementale, aux projets dont la première enquête publique est ouverte à compter du premier jour du sixième mois suivant la publication de la présente loi ;

2° Pour les autres projets, aux projets dont l'engagement des premiers travaux a lieu après le premier jour du troisième mois suivant la publication de la présente loi.

Ces dispositions essentielles de la loi dite « LAURE » du 30 décembre 1996 sont remaniées pour tenir compte du nouveau plan de mobilité qui remplace les plans de déplacements urbains. Les aménagements cyclables restent une obligation en zone urbaine et sont soumis à l'existence d'un besoin avéré hors agglomération. Pourtant, alors que cette réglementation essentielle n'est pas suffisamment respectée, elle n'est toujours pas sanctionnée et est même assouplie par le recours aux voies de transports en commun et par le maintien de l'appréciation d'un « besoin de réalisation d'un aménagement ou d'un itinéraire cyclable ainsi que sa faisabilité technique et financière ». Malgré l'ambiguïté que la loi entretient entre les cyclistes et les piétons, malgré l'affirmation qu'il s'agit de maintenir ce qui souvent n'existe pas et malgré la condition incompréhensible d'un besoin avéré alors que la sécurité des aménagement précède souvent leur utilisation, le nouvel article L. 228-3-1 du code de l'environnement, contient néanmoins une nouvelle consécration du principe de continuité des aménagements déjà mentionné à l'article L. 1214-2-1 du code des transports (cf. *supra*). C'est une avancée dont la timidité est cependant difficile à expliquer et qui ne prive pas, en théorie, les élus locaux d'aller plus loin…

Section 2 **Les véloroutes**

Art. 165 (C. voirie rout., art. L. 154-1) (LOM)

Les véloroutes sont des itinéraires continus destinés à faciliter la circulation des cyclistes sur de moyennes et de longues distances. Elles ont notamment pour support des voies appartenant au domaine public ou privé de l'État, de ses établissements publics ainsi que des collectivités territoriales et de leurs groupements compétents en matière de voirie. Elles empruntent tout type de voie adapté à la circulation des cyclistes et bénéficient d'un jalonnement continu.

Art. 166 (C. transp., art. L. 1212-3-4) (LOM)

Le schéma national des véloroutes est arrêté par le ministre chargé des transports, après avis du Conseil national de l'aménagement et du développement du territoire. Il définit le réseau structurant de véloroutes sur le territoire national, y compris outre-mer, en s'appuyant sur les schémas régionaux lorsqu'ils existent. Il détermine les conditions dans lesquelles ce réseau est rendu continu.

Il est actualisé au moins une fois tous les dix ans.

Le premier schéma national des véloroutes date de 1998 et un cahier des charges avait été établi en 1991 par un groupe de travail interministériel spécialisé mais aucun texte législatif ne l'avait jamais repris et ne lui avait donné la valeur qu'il a maintenant. Il s'agit d'un dispositif essentiel au cyclotourisme. Vivement que les vélorues soient envisagées aussi sérieusement ! (elles ne doivent pour l'instant leur existence qu'à un arrêté, assez important au demeurant, celui des ministres de l'Intérieur et de l'Écologie du 23 septembre 2015, Plan d'actions pour les mobilités actives, dit « PAMA », relatif à la modification de la signalisation routière en vue de favoriser les mobilités actives).

Chapitre 3
Le droit aux aménagements de stationnement

Section 1 **Le stationnement des vélos dans l'espace public**

Sous-section 1 ***L'obligation de prise en compte des besoins de stationnement des cyclistes dans les plans locaux d'urbanisme***

Art. 167 (C. urb., art. L. 151-4)

Le rapport de présentation *[du plan local d'urbanisme ou PLU]* explique les choix retenus pour établir le projet d'aménagement et de développement durables, les orientations d'aménagement et de programmation et le règlement. […]

Il établit un inventaire des capacités de stationnement de véhicules motorisés, de véhicules hybrides et électriques et de vélos des parcs ouverts au public et des possibilités de mutualisation de ces capacités.

Art. 168 (C. urb., art. L. 151-30) (LOM)

Lorsque le règlement *[du plan local d'urbanisme]* prévoit des obligations en matière de stationnement des véhicules motorisés, il fixe des obligations suffisantes pour les vélos pour les immeubles d'habitation et de bureaux, dans le respect des conditions prévues au I de l'article L. 111-3-10 du code de la construction et de l'habitation.

> La LOM a remplacé par le mot « suffisantes » le mot « minimales » ce qui peut difficilement être considéré comme un progrès…

Art. 169 (C. urb., art. L. 151-38, al. 1er)

Le règlement *[du plan local d'urbanisme]* peut préciser le tracé et les caractéristiques des voies de circulation à conserver, à modifier ou à créer, y compris les rues ou sentiers piétonniers et les itinéraires cyclables, les voies et espaces réservés au transport public.

Art. 170 (C. urb., art. R. 151-48, 1°)

Dans les zones U, AU, A et N, le ou les documents graphiques du règlement [du plan local d'urbanisme] font, en outre, apparaître, s'il y a lieu, en application du premier alinéa de l'article L. 151-38 (du code de l'urbanisme), le tracé et les dimensions des voies de circulation à modifier ou à créer, y compris les rues ou sentiers piétonniers, les itinéraires cyclables ainsi que les voies et espaces réservés au transport public, et, le cas échéant, de celles à conserver ; […]

Art. 171 (C. urb., art. R. 151-44)

Afin d'assurer le stationnement […] des vélos hors des voies publiques, dans le respect des objectifs de diminution de déplacements motorisés, de développement des transports alternatifs à l'usage individuel de l'automobile et de réduction de la consommation d'espace ainsi que de l'imperméabilisation des sols, le règlement peut prévoir des obligations de réalisation d'aires de stationnement dans les conditions mentionnées [à l'article] L. 151-30 […] (du code de l'urbanisme).

Ces obligations tiennent compte de la qualité de la desserte en transport collectif, de la densité urbaine et des besoins propres au projet au regard des capacités de stationnement ouvertes au public à proximité.

Art. 172 (C. urb., art. L. 141-15, 2°) (LOM)

Le document d'orientation et d'objectifs *[du schéma de cohérence territoriale]* peut préciser, en fonction de la desserte en transports publics réguliers et, le cas échéant, en tenant compte de la destination des bâtiments : […]

2° Les obligations minimales de réalisation d'aires de stationnement pour les véhicules non motorisés que les plans locaux d'urbanisme et les documents d'urbanisme en tenant lieu doivent imposer.

Sous-section 2 **Des implantations dérogatoires**

Art. 173 (C. voirie rout., art. L. 118-5-1) (LOM)

Afin d'assurer la sécurité des cheminements des piétons en établissant une meilleure visibilité mutuelle entre ces derniers et les véhicules circulant sur la chaussée, aucun emplacement de stationnement ne peut être aménagé sur la chaussée cinq mètres en amont des passages piétons, sauf si cet emplacement est réservé aux cycles et cycles à pédalage assisté […].

Les dispositions du présent article sont applicables lors de la réalisation de travaux d'aménagement, de réhabilitation et de réfection des chaussées. Les travaux de mise en conformité doivent avoir été réalisés au plus tard le 31 décembre 2026.

Section 2 **Le droit au stationnement dans les bâtiments publics et privés**

Art. 174 (CCH, art. L. 113-18)

Toute personne qui construit :

1° Un ensemble d'habitations équipé de places de stationnement individuelles couvertes ou d'accès sécurisé ;

2° Un bâtiment à usage industriel ou tertiaire constituant principalement un lieu de travail et équipé de places de stationnement destinées aux salariés ;

3° Un bâtiment accueillant un service public équipé de places de stationnement destinées aux agents ou aux usagers du service public ;

4° Un bâtiment constituant un ensemble commercial, au sens de l'article L. 752-3 du code de commerce, ou accueillant un établissement de spectacles cinématographiques équipé de places de stationnement destinées à la clientèle,

le dote des infrastructures permettant le stationnement sécurisé des vélos.

Un décret en Conseil d'État fixe les modalités d'application du présent article, notamment le nombre minimal de places selon la catégorie et la taille des bâtiments ainsi que la nature des dispositifs de sécurisation adaptée au risque des places de stationnement.

Art. 175 (CCH, art. L. 113-19)

Toute personne qui procède à des travaux sur un parc de stationnement annexe :

1° À un ensemble d'habitations équipé de places de stationnement individuelles ;

2° À un bâtiment à usage industriel ou tertiaire équipé de places de stationnement destinées aux salariés ;

3° À un bâtiment accueillant un service public équipé de places de stationnement destinées aux agents ou aux usagers du service public ;

4° Ou à un bâtiment constituant un ensemble commercial, au sens de l'article L. 752-3 du code de commerce, ou accueillant un établissement de spectacles cinématographiques équipé de places de stationnement destinées à la clientèle,

dote le parc de stationnement d'infrastructures permettant le stationnement des vélos. Cette dernière obligation peut être satisfaite par la réalisation des infrastructures dans une autre partie du bâtiment ou à l'extérieur de celui-ci, sur la même unité foncière.

Un décret en Conseil d'État précise les conditions et les modalités d'application du présent article, notamment en fonction de la nature, de la catégorie et de la taille des bâtiments et des parcs de stationnement concernés, du type de travaux entrepris, ainsi que du rapport entre le coût de ces travaux et la valeur des bâtiments.

Art. 176 (CCH, art. L. 113-20)

Des infrastructures permettant le stationnement sécurisé des vélos doivent être installées dans les bâtiments existants à usage tertiaire et constitués principalement de locaux à usage professionnel, lorsqu'ils sont équipés de places de stationnement destinées aux travailleurs.

Un décret en Conseil d'État précise les modalités d'application du présent article. Il fixe notamment les catégories de bâtiments soumis à cette obligation, le nombre minimal de places de stationnement qui font l'objet de l'installation selon la catégorie de bâtiments et les conditions de dérogation en cas d'impossibilité technique ou de contraintes liées à l'environnement naturel du bâtiment.

Art. 177 (CCH, art. R. 111-14-7)

Lorsque les bâtiments neufs accueillant un service public sont équipés de places de stationnement destinées aux agents ou usagers du service public, ces bâtiments doivent être équipés d'au moins un espace réservé au stationnement des vélos.

Cet espace peut également être réalisé à l'extérieur du bâtiment, à condition qu'il soit couvert et situé sur la même unité foncière que le bâtiment.

Cet espace réservé comporte des dispositifs fixes permettant de stabiliser et d'attacher les vélos par le cadre et au moins une roue. Il présente une capacité de stationnement en adéquation avec le nombre de personnes accueillies simultanément dans le bâtiment, précisée par arrêté du ministre chargé de la construction.

Il s'agit des dispositions issues du décret en Conseil d'État auquel font référence les textes législatifs précédents et qui précisent les conditions matérielles nécessaires à l'exécution de l'obligation posée par la loi pour les bâtiments neufs : au moins un espace de stationnement, couvert s'il est extérieur, permettant une attache sur un point fixe et dont le nombre est adapté à la fréquentation des lieux.

Art. 178 (CCH, art. R. 111-14-8)

Lorsque les bâtiments neufs constituant un ensemble commercial, au sens de l'article L. 752-3 du code de commerce, ou accueillant un établissement de spectacles cinématographiques, sont équipés de places de stationnement destinées à la clientèle, ces bâtiments doivent être équipés d'au moins un espace réservé au stationnement des vélos.

Cet espace peut également être réalisé à l'extérieur du bâtiment, à condition qu'il soit couvert et situé sur la même unité foncière que les bâtiments.

Cet espace réservé comporte des dispositifs fixes permettant de stabiliser et d'attacher les vélos par le cadre et au moins une roue. Il présente une capacité de stationnement en adéquation avec le nombre de personnes accueillies simultanément dans le bâtiment, précisée par arrêté du ministre chargé de la construction.

Art. 179 (CCH, art. R. 111-14-4)

Lorsque les bâtiments neufs à usage principal d'habitation groupant au moins deux logements comprennent un parc de stationnement d'accès réservé aux seuls occupants de l'immeuble, ces bâtiments doivent être équipés d'au moins un espace réservé au stationnement sécurisé des vélos, ce terme désignant, pour l'application du présent article et des articles R. 111-14-5 à R. 111-14-8 (du code de la construction et de l'habitation), les cycles et les cycles à pédalage assisté tels qu'ils sont définis à l'article R. 311-1 du code de la route.

Cet espace peut également être réalisé à l'extérieur du bâtiment, à condition qu'il soit couvert, clos et situé sur la même unité foncière que le bâtiment.

Cet espace réservé comporte un système de fermeture sécurisé et des dispositifs fixes permettant de stabiliser et d'attacher les vélos par le cadre et au moins une roue. Il présente une capacité de stationnement en adéquation avec le nombre, le type ou la surface de logements précisée par arrêté du ministre chargé de la construction.

Art. 180 (CCH, art. R. 111-14-5)

Lorsque les bâtiments neufs à usage principal de bureaux comprennent un parc de stationnement destiné aux salariés, ces bâtiments doivent être équipés d'au moins un espace réservé au stationnement sécurisé des vélos.

Cet espace peut également être réalisé à l'extérieur du bâtiment, à condition qu'il soit couvert, clos et situé sur la même unité foncière que le bâtiment.

Cet espace réservé est surveillé ou comporte un système de fermeture sécurisé et des dispositifs fixes permettant de stabiliser et d'attacher les vélos par le cadre et au moins une roue. Il présente une capacité de stationnement en adéquation avec la surface du bâtiment, précisée par arrêté du ministre chargé de la construction.

Art. 181 (CCH, art. R. 111-14-6)

Lorsque les bâtiments neufs à usage principal industriel comprennent un parc de stationnement destiné aux salariés, ces bâtiments doivent être équipés d'au moins un espace réservé au stationnement sécurisé des vélos.

Cet espace peut également être réalisé à l'extérieur du bâtiment, à condition qu'il soit couvert, clos et situé sur la même unité foncière que le bâtiment.

Cet espace réservé est surveillé ou comporte un système de fermeture sécurisé et des dispositifs fixes permettant de stabiliser et d'attacher les vélos par le cadre et au moins une roue. Il présente une capacité de stationnement en adéquation avec le nombre de personnes accueillies simultanément dans le bâtiment, précisée par arrêté du ministre chargé de la construction.

Art. 182 (CCH, art. R. 136-4)

Lorsque les bâtiments à usage principal de bureaux, dont la demande de permis de construire a été déposée avant le 1er janvier 2012, ne comportant pas de logements et comprenant un parc de stationnement d'accès réservé aux salariés, possèdent les caractéristiques suivantes :

– capacité de stationnement supérieure ou égale à 20 places ;

– un unique propriétaire et un unique locataire des locaux et du parc de stationnement,

le propriétaire équipe le bâtiment d'au moins un espace réservé au stationnement sécurisé des vélos, ce terme désignant, pour l'application du présent article, les cycles et les cycles à pédalage assisté tels qu'ils sont définis à l'article R. 311-1 du code de la route.

Cette obligation est satisfaite par la création d'un espace réservé au stationnement sécurisé des vélos à l'intérieur du bâtiment ou par la création de cet espace à l'extérieur du bâtiment, à condition qu'il soit couvert, clos et situé sur la même unité foncière que le bâtiment.

Cet espace peut également être réalisé sur des emplacements destinés au stationnement automobile existant.

Cet espace réservé comporte un système de fermeture sécurisé et des dispositifs fixes permettant de stabiliser et d'attacher les vélos par le cadre ou au moins une roue. Il présente une capacité de stationnement en adéquation avec la surface du bâtiment, précisée par arrêté du ministre chargé du logement.

Art. 183 (loi n° 65-557 du 10 juillet 1965 fixant le statut de la copropriété des immeubles bâtis, art. 24) (LOM)

I. – Les décisions de l'assemblée générale *[des copropriétaires]* sont prises à la majorité des voix exprimées des copropriétaires présents ou représentés, s'il n'en est autrement ordonné par la loi.

II. – Sont notamment approuvés dans les conditions de majorité prévues au I :

j) L'autorisation donnée à un ou plusieurs copropriétaires d'effectuer à leurs frais les travaux permettant le stationnement sécurisé des vélos dans les parties communes, sous réserve que ces travaux n'affectent pas la structure de l'immeuble, sa destination ou ses éléments d'équipement essentiels et qu'ils ne mettent pas en cause la sécurité des occupants.

Titre III
Les droits du travailleur cycliste

Chapitre 1
Les droits du cycliste salarié

Section 1 Le plan de mobilité employeur

Art. 184 (C. transp., art. L. 1214-8-2) (LOM)

Le plan de mobilité employeur prévu au 9° de l'article L. 1214-2 (du code des transports) vise à optimiser et à augmenter l'efficacité des déplacements liés à l'activité de l'entreprise, en particulier ceux de son personnel, dans une perspective de diminution des émissions de gaz à effet de serre et de polluants atmosphériques et de réduction de la congestion des infrastructures et des moyens de transports.

Le plan de mobilité employeur évalue l'offre de transport existante et projetée, analyse les déplacements entre le domicile et le travail et les déplacements professionnels, comprend un programme d'actions adapté à la situation de l'établissement, un plan de financement et un calendrier de réalisation des actions, et précise les modalités de son suivi et de ses mises à jour.

Le programme d'actions peut notamment comporter des mesures relatives à la promotion des moyens et usages de transports alternatifs à la voiture individuelle, à l'utilisation des transports en commun, au covoiturage et à l'auto-partage, à la marche et à l'usage du vélo, à l'organisation du travail, au télétravail et à la flexibilité des horaires, à la logistique et aux livraisons de marchandises.

Le plan de mobilité employeur est transmis à l'autorité organisatrice de la mobilité territorialement compétente.

II. – Dans le périmètre d'un plan de mobilité mentionné à l'article L. 1214-1 (du code des transports) élaboré par une autorité organisatrice, cette dernière informe les entreprises de son ressort territorial mentionnées au II *bis* du présent article du contenu du plan de mobilité.

II *bis*. - À défaut d'accord sur les mesures visant à améliorer la mobilité des salariés entre leur résidence habituelle et leur lieu de travail, tel que prévu au 8° de l'article

L. 2242-17 du code du travail, les entreprises soumises à l'obligation prévue au 2° de l'article L. 2242-1 du même code, mentionnées à l'article L. 2143-3 dudit code et dont cinquante salariés au moins sont employés sur un même site, élaborent un plan de mobilité employeur sur leurs différents sites pour améliorer la mobilité de leur personnel. Ce plan de mobilité employeur inclut des dispositions concernant le soutien aux déplacements domicile-travail de leur personnel, notamment le cas échéant concernant la prise en charge des frais mentionnés (à l'article) [...] L. 3261-3-1 du même code.

III. – Les entreprises situées sur un même site peuvent établir un plan de mobilité employeur commun, qui vise les mêmes objectifs que le plan de mobilité employeur défini au I et qui est soumis à la même obligation de transmission à l'autorité organisatrice de la mobilité territorialement compétente.

Un des objectifs des plans de mobilité prévus par le code des transports est l'amélioration du transport des personnels des entreprises et des collectivités publiques en les incitant notamment à prévoir un plan de mobilité employeur. Il ne s'agit donc pas d'une obligation pour les entreprises à l'exception de celles qui, n'étant pas parvenues à accord sur « les mesures visant à améliorer la mobilité des salariés entre leur lieu de résidence habituelle et leur lieu de travail, notamment en réduisant le coût de la mobilité, en incitant à l'usage des modes de transport vertueux ainsi que par la prise en charge des frais mentionnés aux articles L. 3261-3 et L. 3261-3-1 » dans le cadre de la négociation annuelle sur l'égalité professionnelle entre les femmes et les hommes et la qualité de vie au travail, disposent d'un site regroupant au moins cent travailleurs.

Section 2 **La prise en charge des déplacements domicile-travail à vélo**

Sous-section 1 ***Dispositions générales***

Art. 185 (C. trav., art. L. 3261-1) (LOM)

Les dispositions [relatives à l'abonnement à un service de location de vélos et au forfait mobilités durables] du présent chapitre s'appliquent aux employeurs mentionnés à l'article L. 3211-1 (du code du travail).

Elles s'appliquent également, dans des conditions et selon des modalités prévues par décret, aux magistrats et aux personnels civils et militaires de l'État, des collectivités territoriales et de leurs établissements publics, des établissements mentionnés à l'article 2 de la loi nº 86-33 du 9 janvier 1986 portant dispositions statutaires relatives à la fonction publique hospitalière et des groupements d'intérêt public.

> Depuis le 1er janvier 2020, les agents publics ne bénéficient plus seulement du droit au remboursement partiel de l'abonnement à un service de location de vélos mais aussi du forfait mobilités durables, alors qu'ils étaient exclus du bénéfice de l'IKV.
>
> Le décret du 9 mai 2020 relatif au versement du FMD dans la fonction publique de l'État a été suivi d'un arrêté d'application qui prévoit la prise en charge des déplacements domicile-travail effectuées à vélo (ou en co-voiturage) à compter du 11 mai 2020 sous la forme d'un forfait de 200 euros.

Art. 186 (C. trav., art. L. 3261-5) (LOM)

La prise en charge mentionnée [à l'article] L. 3261-3 […] (du code du travail) peut prendre la forme d'une solution de paiement spécifique, dématérialisée et prépayée, intitulée « titre-mobilité ». Ce titre est émis par une société spécialisée qui les cède à l'employeur contre paiement de leur valeur libératoire et, le cas échéant, d'une commission.

> Cette disposition ne concerne que le forfait mobilité durable (cf. *infra*, sous-section 2).

Art. 187 (C. trav., art. R. 3261-16)

Le fait pour l'employeur de méconnaître les dispositions des articles L. 3261-1 à L. 3261-4 (du code du travail) est puni de l'amende prévue pour les contraventions de la quatrième classe.

> Cette contravention donne aux dispositions relatives à la prise en charge des frais de déplacements à vélo et à certaines de leurs modalités un caractère impératif. Elle n'est toutefois pas applicable à l'État et ne peut être reprochée à une collectivité locale que s'il s'agit d'une activité susceptible de faire l'objet d'une délégation de service public (C. pén., art. 121-1).

Sous-section 2 ***L'abonnement à un service public de location de vélos***

Art. 188 (C. trav., art. L. 3261-2)

L'employeur prend en charge, dans une proportion et des conditions déterminées par voie réglementaire, le prix des titres d'abonnements souscrits par ses salariés pour leurs déplacements entre leur résidence habituelle et leur lieu de travail accomplis au moyen (de transports publics de personnes ou) de services publics de location de vélos.

> Il s'agit d'une obligation pour l'employeur dès lors que les conditions de la présentation des titres d'abonnements sont remplies par le salarié. Une exception existe cependant puisque l'article R. 3261-8 du code du travail permet à l'employeur de refuser cette prise en charge lorsque le salarié perçoit déjà des indemnités supérieures au montant prévu par l'article R. 3261-1 du même code (voir ci-dessous) au titre de frais de déplacements. Par ailleurs, des dispositions prévoient expressément la prise en charge des déplacements entre plusieurs lieux de travail ainsi que les droits du salarié exerçant à temps partiel qui diffèrent selon qu'il travaille à plus ou moins de mi-temps.

Art. 189 (C. trav., art. R. 3261-1)

La prise en charge par l'employeur des titres d'abonnement, prévue à l'article L. 3261-2 (du code du travail), est égale à 50 % du coût de ces titres pour le salarié.

Art. 190 (C. trav., art. R. 3261-2, 3°)

L'employeur prend en charge les abonnements à un service public de location de vélos souscrits par les salariés.

Art. 191 (C. trav., art. R. 3261-4)

L'employeur procède au remboursement des titres achetés par les salariés dans les meilleurs délais et, au plus tard, à la fin du mois suivant celui pour lequel ils ont été validés. Les titres dont la période de validité est annuelle font l'objet d'une prise en charge répartie mensuellement pendant la période d'utilisation.

Art. 192 (C. trav., art. R. 3261-5)

La prise en charge des frais de transport par l'employeur est subordonnée à la remise ou, à défaut, à la présentation des titres par le salarié.

Pour être admis à la prise en charge, les titres doivent permettre d'identifier le titulaire et être conformes aux règles de validité définies [...] par la personne chargée de la gestion du service public de location de vélos.

Lorsque le titre d'abonnement à un service public de location de vélos ne comporte pas les noms et prénoms du bénéficiaire, une attestation sur l'honneur du salarié suffit pour ouvrir droit à la prise en charge des frais d'abonnement.

Pour les salariés intérimaires, une attestation sur l'honneur adressée à l'entreprise de travail temporaire mentionnée à l'article L. 1251-45 (du code du travail), qui est leur employeur, suffit pour ouvrir droit à la prise en charge des frais d'abonnement [...] à un service public de location de vélos.

Art. 193 (C. trav., art. R. 3261-6)

Un accord collectif de travail peut prévoir d'autres modalités de preuve et de remboursement des frais de transport, sans que les délais de remboursement des titres puissent excéder ceux mentionnés à l'article R. 3261-4 (du code du travail).

Sous-section 3 ***Le forfait mobilités durables***

Art. 194 (C. trav., art. L. 3261-3-1) (LOM)

L'employeur peut prendre en charge, dans les conditions prévues pour les frais de carburant à l'article L. 3261-4 (du code du travail), tout ou partie des frais engagés par ses salariés se déplaçant entre leur résidence habituelle et leur lieu de travail avec leur cycle ou cycle à pédalage assisté personnel [...] à l'exception des frais d'abonnement mentionnés à l'article L. 3261-2 (du même code), ou à l'aide d'autres services de mobilité partagée définis par décret sous la forme d'un « forfait mobilités durables » dont les modalités sont fixées par décret.

> Le « forfait mobilités durables » (on notera le pluriel) remplace l'indemnité kilométrique vélo depuis le 1er janvier 2020. Il ne s'agit donc plus d'un dispositif spécifiquement applicable aux déplacements à vélo mais plus globalement d'une prise en charge de moyens de transport moins polluants selon la liste de l'article R. 3261-13-1 du code du travail. Il s'agit toujours d'une simple faculté pour l'employeur et non d'une obligation.

Art. 195 (C. trav., art. L. 3261-4) (LOM)

Le montant, les modalités et les critères d'attribution de la prise en charge des frais mentionnés (à l'article) […] L. 3261-3-1 (du code du travail) sont déterminés par accord d'entreprise ou par accord interentreprises, et à défaut par accord de branche. À défaut d'accord, la prise en charge de ces frais est mise en œuvre par décision unilatérale de l'employeur, après consultation du comité social et économique, s'il existe.

Contrairement au montant de l'ancienne IKV, qui était fixé par décret (à 25 centimes d'euro par kilomètre) le montant du FMD et ses modalités sont négociables. Il est versé selon les mêmes modalités à tous les salariés qui remplissent les conditions de son attribution et est subordonné à la preuve de son utilisation effective conforme à son objet qui peut résulter d'un justificatif de paiement ou d'une attestation sur l'honneur (C. trav., art. R. 3261-13-2).

Section 3 **Les incitations fiscales**

Sous-section 1 ***Pour l'employeur***

Art. 196 (CGI, art. 220 *undecies* A) (LOM)

I. – Les entreprises soumises à l'impôt sur les sociétés peuvent bénéficier d'une réduction d'impôt égale aux frais générés jusqu'au 31 décembre 2021 par la mise à la disposition gratuite de leurs salariés, pour leurs déplacements entre leur domicile et le lieu de travail, d'une flotte de vélos, dans la limite de 25 % du prix d'achat ou de location de ladite flotte de vélos.

Lorsque la flotte de vélos est prise en location par l'entreprise, le bénéfice de la réduction d'impôt prévue au premier alinéa du présent I est subordonné à la condition que le contrat de location soit souscrit pour une durée minimale de trois ans.

II. – La réduction d'impôt s'impute sur l'impôt sur les sociétés dû par l'entreprise au titre de l'exercice au cours duquel les frais mentionnés au I ont été générés.

Lorsque le montant de la réduction d'impôt excède le montant de l'impôt dû, le solde non imputé n'est ni restituable, ni reportable.

III. – Un décret précise les modalités d'application du présent article, notamment les obligations déclaratives incombant aux entreprises.

NOTA : Conformément à l'article 145, II de la loi n° 2018-1317 du 28 décembre 2018, ces dispositions s'appliquent aux réductions d'impôt calculées au titre des dépenses exposées à compter du 1er janvier 2019.

> Cet article du code général des impôts est l'unique disposition d'un paragraphe 7 *bis* au titre explicite de « réduction d'impôt pour mise à disposition d'une flotte de vélos ». Le recours à une telle flotte, par achat ou location, est donc la troisième possibilité pour un employeur de favoriser l'usage du vélo à côté de la prise en charge (obligatoire) de l'abonnement à un service public de location de vélos et du (facultatif) forfait mobilités durables. La LOM n'a modifié que le I en précisant la date jusqu'à laquelle les frais de mise en place peuvent être comptés et en précisant que la réduction d'impôts en cas de location est soumise à la condition d'un contrat d'une durée minimum de trois années.

Art. 197 (CGI, art. 46 *quater*-0 YZE, annexe 3)

Pour la détermination des frais mentionnés au I de l'article 220 *undecies* A du code général des impôts, il y a lieu de retenir les dépenses suivantes :

a) Dotations aux amortissements fiscalement déductibles relatives à l'acquisition de vélos ;

b) Dotations aux amortissements ou charges déductibles afférentes aux achats ou locations d'équipements nécessaires à la sécurité (notamment casques, protections, gilets réfléchissants, antivols) ;

c) Frais d'assurance contre le vol et couvrant les déplacements en vélo des salariés entre leur domicile et leur lieu de travail ;

d) Frais d'entretien des vélos ;

e) Dotations aux amortissements fiscalement déductibles relatives à la construction ou à l'aménagement d'une aire de stationnement ou d'un local destiné aux vélos ;

f) Frais afférents à la location d'une aire de stationnement ou d'un local destiné aux vélos.

La réduction d'impôt mentionnée à l'article 220 *undecies* A précité s'applique aux cycles et cycles à pédalage assisté au sens des 6.10 et 6.11 de l'article R. 311-1 du code la route.

Sous-section 2 ***Pour le salarié***

Art. 198 (CGI, art. 81 19° *ter*)

[Sont] affranchi[s] de l'impôt :

a. L'avantage résultant de la prise en charge obligatoire par l'employeur du prix des titres d'abonnement souscrits par les salariés pour les déplacements effectués au moyen […] de services publics de location de vélos entre leur résidence habituelle et leur lieu de travail, conformément à l'article L. 3261-2 du code du travail ;

b. L'avantage résultant de la prise en charge par l'employeur […] des frais mentionnés à l'article L. 3261-3-1 (du code du travail) [*soit le forfait mobilités durables*], dans la limite globale de 400 euros par an […]. Lorsque la prise en charge des frais de transports personnels engagés par les salariés est cumulée avec la prise en charge prévue à l'article L. 3261-2 dudit code [*soit celle des frais de transport public ou de recours à un service public de location de vélos*], l'avantage résultant de ces deux prises en charge ne peut dépasser le montant maximum entre

400 euros par an et le montant de l'avantage mentionné au a du présent 19° *ter*;

Chapitre 2
Le statut des livreurs de marchandises à vélo

Art. 199 (C. transp., art. L. 1326-1) (LOM)

Les dispositions (du chapitre IV du livre II du titre III de la première partie du code des transports) sont applicables aux travailleurs définis à l'article L. 7341-1 du code du travail recourant pour leur activité à des plateformes mentionnées à l'article L. 7342-1 du même code et exerçant l'une des activités suivantes : […]

2° Livraison de marchandises au moyen d'un véhicule à deux ou trois roues, motorisé ou non.

> Une plateforme est définie par l'article 242 *bis* du code général des impôts comme l'entreprise qui, quel que soit son lieu d'établissement, en qualité d'opérateur de plateforme met en relation à distance, par voie électronique, des personnes en vue de la vente d'un bien, de la fourniture d'un service ou de l'échange ou du partage d'un bien ou d'un service.

Art. 200 (C. transp., art. L. 1326-2) (LOM)

Les plateformes mentionnées à l'article L. 1326-1 (du code des transports) communiquent aux travailleurs, lorsqu'elles leur proposent une prestation, la distance couverte par cette prestation et le prix minimal garanti dont ils bénéficieront, déduction faite des frais de commission, dans des conditions précisées par décret.

Les travailleurs peuvent refuser une proposition de prestation de transport sans faire l'objet d'une quelconque pénalité. La plateforme ne peut notamment pas mettre fin à la relation contractuelle qui l'unit aux travailleurs au motif que ceux-ci ont refusé une ou plusieurs propositions.

Art. 201 (C. transp., art. L. 1326-3) (LOM)

La plateforme mentionnée à l'article L. 1326-1 (du code des transports) est tenue de publier sur son site internet, de manière loyale, claire et transparente, des indicateurs relatifs à la durée d'activité et au revenu d'activité au titre des activités des travailleurs en lien avec la plateforme, au cours de l'année civile précédente. Ces indicateurs sont précisés par décret en Conseil d'État.

Art. 202 (C. transp., art. L. 1326-4) (LOM)

Les travailleurs choisissent leurs plages horaires d'activité et leurs périodes d'inactivité et peuvent se déconnecter durant leurs plages horaires d'activité. Les plateformes ne peuvent mettre fin au contrat lorsqu'un travailleur exerce ce droit.

Conclusion

La dramatique année 2020 l'a montré : il est utile et possible de changer nos comportements pour préserver notre environnement et assurer notre bien-être individuel et collectif.

L'initiative est, selon l'expression consacrée, venue d'en bas mais nous avons la chance de vivre en démocratie et le politique doit donc, au moins, suivre. Il est faux de dire que la préoccupation de se déplacer proprement est accessoire, elle est essentielle en raison de son incidence sur le réchauffement climatique qu'il n'est plus possible de nier.

Si ce modeste code peut aider à développer la pratique du vélo et à refaire de ce moyen de déplacement un moyen normal sinon privilégié alors il aura rempli son objectif.

Connaître les règles de ce mode de déplacement tellement agréable et plus moderne qu'il n'y paraît est nécessaire afin de pouvoir revendiquer ses droits et utilement militer pour leur accroissement. Savoir que les routes refaites doivent être équipées d'un marquage cycliste, que le double-sens cyclable est la règle dans la plupart des centres-villes… et adopter soi-même un comportement prudent doit permettre de prendre toute sa place dans les rues et sur les routes.

Beaucoup de bonnes pratiques existent et peuvent inspirer les responsables de nos transports et de notre qualité de vie mais aussi chacun d'entre nous.

Il en est ainsi tout simplement de l'ouverture de la portière conducteur dite « à la néerlandaise » parce que pour éviter le piège à cyclistes résultant de l'angle mort les automobilistes de ce pays apprennent à ouvrir leur portière avec la main droite, obligeant à un mouvement de rotation du corps et de la tête qui augmente le champ de vision vers l'arrière au moment fatidique.

Un designer a aussi mis au point une piste cyclable lumineuse ou luminescente aussi esthétique que sécurisante dont une commune française s'est d'ailleurs inspirée pour réaliser un marquage au sol particulièrement efficace. Un arrêté des ministres de l'Intérieur et de la Transition écologique du 9 octobre

2020 prévoit expressément l'expérimentation de l'implantation de dispositifs de signalisation dynamique au sol notamment pour les sas vélos et les voies cyclables.

Certainement un peu plus coûteuses mais toujours moins qu'une autoroute classique, les autoroutes cyclables (pistes cyclables express, autoroutes cyclistes, voies cyclables rapides, etc.) dont bénéficient notamment les danois apparaissent comme une véritable solution pour faire du trajet à vélo une vraie alternative au-delà des trajets intra-urbains en permettant de désencombrer les abords des grandes villes qui deviennent accessibles à tous et respirables.

Dans le même ordre d'idées, pourquoi ne pourrait-il pas être systématiquement proposé aux automobilistes qui ont la bonne idée d'utiliser un parking relais à la périphérie d'une ville un accès privilégié à un nombre important de vélos en libre-service ou à des parkings vélos sécurisés et pas seulement, ce serait déjà bien si c'était toujours le cas, aux transports en commun.

Enfin, afin de clore une liste non exhaustive, il devient urgent de développer une signalisation spécifique aux carrefours et des aménagements autour des ronds-points. Les feux vélos, cadencés au rythme des cyclistes, sont mieux respectés et inscrivent ces derniers, plus visibles, dans un vrai partage de la chaussée. Les Berlinois ont même la chance d'avoir des voies cyclables avec un revêtement goudronné quand la route est pavée ou partagée dans des conditions qui ne sont pas optimales pour leur sécurité.

Le développement des transports à vélo, ni difficile ni coûteux, n'est pas LA solution mais une des solutions, une des pierres nécessaires à la construction du nouvel édifice que nous devons aux générations futures.

Recommandations

Bibliographie

Un ouvrage de référence, déjà cité en introduction, écrit par un universitaire lillois :

Frédéric HÉRAN, *Le retour de la bicyclette Une histoire des déplacements urbains en Europe, de 1817 à 2050*, La Découverte/Poche.

À lire aussi :

Olivier RAZEMON, *Le pouvoir de la pédale*, Rue de l'Échiquier, et son blog L'interconnexion n'est plus assurée.

Jérôme SORREL et Ève COSTON, *Vélotaf. Mode d'emploi du vélo au quotidien*, Alternatives.

Sites

La plupart des grandes agglomérations, mais pas seulement, abritent une ou plusieurs associations de défense des droits des cyclistes dont les conseils souvent avisés et les actualités locales spécialisées sont en ligne. Elles sont faciles à trouver (droitauvelo.org/ pour l'ADAV à Lille, www.cc37.org/ pour le Collectif cycliste de Tours…) et leurs sites sont des sources d'informations essentielles.

Elles appartiennent en général à la Fédération française des usagers de la bicyclette dont le site est très bien fait et permet de connaître l'actualité en la matière et les bonnes pratiques à adopter ou à susciter. L'adresse www.fub.fr est donc à mettre dans ses favoris.

Au niveau européen c'est l'ECF pour European Cyclist's Fédération qui est la référence sur https://ecf.com.

Véritable média spécialisé Actuvélo (https://actuvelo.fr/) est une référence incontournable.

Pour développer ses connaissances sur les possibilités et pratiques d'aménagements cyclistes : le Centre d'études et d'expertise sur les risques, l'environnement, la mobilité et l'aménagement édite des fiches techniques très pédagogiques disponibles sur www.cerema.fr.

Enfin, et c'est bien dommage, un petit tour sur www.securite-routiere.gouv.fr démontre que la place des vélos ne fait toujours pas partie des centres d'intérêt majeurs de cet organisme aussi officiel qu'essentiel.

Vidéo et réseaux sociaux

La « cyclosphère » est active sur les réseaux sociaux et sur Twitter en particulier. Ses participants dénoncent à l'aide de commentaires destinés aux collectivités, de photographies et de vidéos les insuffisances et incohérences des équipements publics et, souvent, le peu d'empressement des autorités à faire respecter les règles qui protègent les cyclistes ou à les reconnaître comme victimes. Ils mettent aussi en exergue des comportements individuels extrêmement dangereux liés à une véritable « idéologie » de la circulation en voiture : celle, inacceptable, de la loi du plus fort (et du sans-gêne symbolisé par les #GCUM !). Les images réalisées par les cyclistes équipés de caméras mettant en ligne leur « *dailyobs* » font souvent froid dans le dos. Beaucoup d'entre eux prennent des risques pour dénoncer des comportements mettant la vie des cyclistes et des autres en danger, et il est important de les soutenir.

Index des textes cités

Code de la route

Code des transports

Code pénal

Code de procédure pénale

Code général des collectivités territoriales

Code de commerce

Code de l'environnement

Code de la voirie routière

Code de la construction et de l'habitation

Code du travail

Index alphabétique

Le premier chiffre en ***gras***
correspond à l'article concerné du ***code****,*
le second à la page de l'ouvrage

Table des matières

pca cmb
édition pré-presse
livres numériques
44400 Rezé

PEFC 10-31-1895

719846 - (I) - OSB 60 - CMB (HCH)

Achevé d'imprimer en février 2021 sur les presses de l'Imprimerie CHIRAT

42540 Saint-Just-la-Pendue

Dépôt légal : avril 2021 - N° 202102.0227

Imprimé en France